本书为南昌航空大学横向课题"基于高质量发展下创新型
人才的理论与实践研究——以航空公司为例"的研究成果

校企合作视域下空乘人才培养研究

——以航空公司与高校联合办学实践为基础

龚艾蒂　著

云南出版集团

云南人民出版社

图书在版编目(CIP)数据

校企合作视域下空乘人才培养研究 / 龚艾蒂著. —
昆明：云南人民出版社，2020.8
ISBN 978 - 7 - 222 - 19428 - 1

Ⅰ. ①校… Ⅱ. ①龚… Ⅲ. ①高等学校—产学合作—
民用航空 - 乘务人员 - 人才培养 - 研究 - 中国 Ⅳ.
①F562

中国版本图书馆 CIP 数据核字(2020)第 131015 号

责任编辑:和晓玲
责任校对:杨　海
装帧设计:张　雪
责任印制:马文杰

校企合作视域下空乘人才培养研究

龚艾蒂　著

出　　版	云南出版集团　云南人民出版社	
发　　行	云南人民出版社	
社　　址	昆明市环城西路 609 号	
邮　　编	650034	
网　　址	www.ynpph.com.cn	
E - mail	ynrm@sina.com	
开　　本	787mm × 1092mm　　1/16	
印　　张	10.5	
字　　数	180 千字	
版　　次	2020 年 8 月　第 1 版第 1 次印刷	
印　　刷	长春市昌信电脑图文制作有限公司	
书　　号	ISBN 978 - 7 - 222 - 19428 - 1	
定　　价	55.00 元	

如有图书质量及相关问题请与我社联系
审校部电话:0871 - 64164626　印制部电话:0871 - 64191534
云南人民出版社微信公众号

序　言

　　潘懋元先生指出,高校和企业联合办学源于高等教育的发展规律,它既是高等教育方针、政策的体现,更是深层次地体现了现代社会发展的普遍规律。[1]对于产、学、研合作在国家创新体系建设中所占据的历史地位和所发挥的重要作用,我国一直都非常重视。党的十九大报告中明确提出了建立产、学、研深度融合的技术创新体系:"加强国家创新体系建设,强化战略科技力量。深化科技体制改革,建立以企业为主体、市场为导向、产学研深度融合的技术创新体系,加强对中小企业创新的支持,促进科技成果转化。"[2]这里所讲的产学研的深度融合指向的是校企合作的广义内涵,即涵盖科研、教学、服务三大功能,其中侧重于强调高校的科研创新优势,突出科研人员参与企业深层次研发;狭义的校企合作指通过整合企业的优势资源特别是实践性资源、高校中优秀的师资力量和先进的教育教学资源,包括资金、场地、实验室、器材等,最终实现培养应用型本科人才的教育模式。我们这里的校企合作主要指其狭义的内涵,即以培养应用型空乘人才为目标的校企合作人才培养模式。

　　我国教育体制的变革随着经济体制改革的不断深化而逐步深化,在高等院校与企业的联系日益密切的背景下,校企合作成为我国教育发展的重要方式之一。从高校的角度来说,校企合作是我国高校发展的内在要求,它在某种程度上引导了高校教学改革、创新和发展的方向,从更多方面、更多层次、更多维度支持了高校的科研技术、人才培训。同时,它还优化了高校人才结构的建设和发展,促进了教学效率的提高。并且,它为学生综合素质的提高、职业能力的培养,甚至未来的职业发展提供了更为现实、可靠、有效的途径。从企业的角度来看,在满足企业对优秀人才的需求的同时,还能提升企业的知名度,能促进企业文化的建设,为增强企业的市场竞争力,并使之形成良性循环奠定良好的基础。

这样,校企合作对推进高校创新人才培养、高校可持续发展的深度和广度,对推进企业不断优化自身的人才培养以提升自我竞争力有重要的现实意义。

对于校企合作的理论研究,国内学界给予了高度的重视,主要关注如下五方面的内容:

一是关于高等教育校企合作的意义与必要性的研究。应该说,绝大多数的理论研究都会涉及到校企合作对于高等教育所具有的重要意义,对于企业发展所具有的重要意义,也会涉及到目前校企合作的状况以及存在的问题,并提出相应的解决办法。

二是关于国外高校校企合作研究,研究对象集中在德国和美国。20 世纪80 年代是一个我国学术界开始关注德国高校校企合作的重要时期。德国的校企合作发端于职业教育,天津职业技术师范学院出版陈用仪、陈国雄、刘漠云等翻译的海因茨·格拉斯的《职业教育学与劳动教育学》就德国"双元制"校企合作的发展历史、校企合作的特点以及校企合作的具体教学等做了系统的介绍;90 年代,国家教委职业技术教育中心研究所出版的《德国的"双元制"职业教育》和《历史与现状:德国双元制职业教育》为研究德国校企合作提供了可借鉴的资料。对美国高校校企合作的研究主要集中在其发展历史、发展模式以及形成因素等方面。张炼指出,美国校企合作的理念源于 1906 年,美国辛辛那提大学工程学院教务长赫尔曼·施奈德首次提出"合作教育"概念,这个"合作教育"概念蕴含的理念是,"将校内理论学习和校外实践学习紧密结合"。[3] 石伟平在后来的研究中指出,在美国校企合作发展的历史长河中,由于社会经济、时代背景等不同原因,形成不同形式各具特点的校企合作模式,其中包括合作教育计划(Cooperative Education program)、技术准备计划(Tech - Prep programs)、青年学徒制(Youth Apprenticeship)、校企契约(Business - Education Compacts)、赛扶(SIFE - - Students in Free Enterprise 学生在自由企业中)计划和高级技术教育(ATE - Advanced Technological - Education)计划。[4]

三是关于高等教育校企合作模式研究。王珍敏认为,国内过往对校企合作的研究侧重于通过从不同的角度来体现合作模式的选取问题,但是对于怎样选取合作模式没有详细的说明,主要集中于提出的校企合作模式选择模型的两个维度——能力维度和成本维度。尽管不同的高校面临选择各不相同的合作企业,但是所需遵守的原则是统一的、标准的和一致的。高校依据相对统一的标准和原则对企业进行筛选,来评价企业的能力和成本。在此基础上,王珍敏提出建立核心竞争力——成本模型,该模型可操作性特别强,不仅很好地解决了合作模式相关问题，还为高校提供了选取联盟合作模式的过程提供了非常合适的思路。[5]刘兰兰在肯定校企合作对于促进行业发展和高校发展具有重要意义的基础上，分析了现有校企合作模式存在合作范围有限、合作深度有限的弊端，提出了三种校企合作新模式，即专业特色模式、企业导师模式、培训互赢模式。[6]

四是关于行业特色型大学校企合作机制研究。郭米总结了法国、德国、美国、日本等国家校企合作的情况及其经验与教训，对校企合作的理论基础——需求决定论和情境性学习理论进行了深入分析，以高等教育管理体制改革为界点，概述了我国行业特色型大学校企合作机制的演变过程，分析了我国行业特色型大学校企合作的机制，以西安电子科技大学为例，分析西安电子科技大学人才培养的现状，总结出西安电子科技大学进行的校企合作的实践和成就，探析其存在的不足及对产生不足的原因进行分析，最后进行总结，探寻我国行业特色型大学校企合作机制发展的新路径，以期促进行业特色型大学校企合作的进一步发展。[7]

五是关于校企合作教学管理平台的设计与实现的研究。潘洁认为，研究校企合作教学管理平台的目的在于解决企业与各大高校开展合作业务而建立的网络信息管理平台，这个管理平台的应用将有利于企业融入高校的专业技能教学、专业技能技术支持、项目实训教学、职业素质培养、就业面试引导、校企合作过程中开展的各项交流活动等诸多相关层面，同时也方便把企业的项目内容、主流的业务技术及高效的资源管理方案等逐渐渗透到高校日常教育与教学环节。这样，综合的教学方法课程体系就可以借助教学管理平台，使校企合作进入一个崭新的发展阶段，以此为更多的企业与高校合作提供科学的管理系统。潘洁在研究过程中，依据软件工程的技术标准层层推进，逐一呈现了校企合作教学管理平台的系统分析、系统设计、系统实现和系统测试的完整流程，对于开发实现教学管理平台系统需要使用的关键技术，比如 ADO. NET、数据加密、文件流、多层架构开发模式等知识分别进行了详细的阐述。[8]

理论上的深入研究说明，我们国家已经确实需要也已经开始高度关注高校与企业的合作办学问题。本科院校的整体发展及其人才培养离不开企业的推动和支持。高校和企业的深度合作，有利于实现高等教育资源的保值增值，有利于满足高校人才的培养需求和企业人才需求，也有利于企业文化的形成与发展，有利于促进企业竞争力的提升。从实践层面来说，我国不少高校已然进行了校企合作办学的探索。然而，现有的校企合作运行机制和效果还不尽如人意,校企共赢的结果不是那么令人满意,校企合作还存在急需解决的问题。比如,校企合作共同目标共同利益点还需进一步深入探讨和分析;校企合作机制还有些障碍;校企合作制度还需进一步完善等等。从国际范围来看,多数西方发达国家已经建立起了比较规范的校企合作制度,比如完善的法律法规、行政制度、财政税收等各项保障措施;也设立了中介机构以协调处理校企合作中出现的矛盾问题。同时,高校保证培养符合企业要求的人才、企业拥有参与校企合作的良好自觉意识、通过采用工学结合等形式来开展校企合作。而对于国内来说,如何充分调动企业和高校进入校企合作框架的积极性,如何建立和完善利益共赢的校企深度合作机制,是目前政府、高校、企业从不同角度思考人才培养而亟待思考和解决的问题。目前以高职院校的校企合作研究居多,本科院校的不多。所以,本研究选择以航空企业为切入点,对航空公司与本科院校合作培养空乘人才进行探讨,以期寻求一条更为有效的校企合作之路。

从现实层面来看,从校企合作的角度来探讨空乘人才的培养具有非常重要的现实意义。在 2012 年国家发布的《国务院关于促进民航业发展的若干意见》中,将建设民航强国策略上升为国家策略,明确提出了具体目标任务,指出,在航空体系方面,到 2020 年,我国民航服务的领域要明显扩大,服务质量要明显提高,国际竞争力和影响力要明显提升,可持续发展能力要明显增强,形成安全、便捷、高效、绿色的现代化民用航空体系;在航空运输规模上,航空运输规模要不断扩大,年运输总周转量达到 1700 亿吨公里,年均增长 12.2%,全国人均乘机次数达到 0.5 次;在航空运输服务质量上,要实现服务质量稳步提高,安全水平稳居世界前列,运输航空百万小时重大事故率不超过 0.15,航班正常率提高到 80% 以上;在通用航空方面,要实现通用航空实现规模化发展,飞行总量达 200 万小时,年均增长 19%;经济社会效益更加显著,航空服务覆盖全国 89% 的人口。[9]

我们可以清晰地看到,在这样实施意见的指导下,民航业已经成为我国社会发展的重要产业,乘机出行已经成为大众非常认可的便捷、安全的选择,而在其中,影响大众选择是否飞机出行的重要因素之一就是航空服务质量的优良程度。一般来说,判断航空服务质量优良与否的重要因素包括人和物两个——优良的服务质量不仅要在物即在硬件上的先进与舒适,更重要的还在人这个软件的总体素质与服务效果。现代人力资源管理理论认为,员工的素质是企业发展的关键,高素质人才的多寡是衡量企业核心竞争力的要素。对于航空公司来说,空乘人员是人力资源管理工作中的主力军。空乘人员也称为航空乘务、空服人员,我们经常简称其为"空乘",是指从事飞机客舱服务的人员,主要职责是在民航飞机上确保乘客旅途中的安全和舒适,在这个过程中,要完成指导乘客入座、安放行李、使用飞机上的安全设备、为乘客供应飞机餐饮等服务,并积极应对各种突发情况,在紧急情况下组织乘客逃离飞机等。空乘人员是民航运输服务中的不可或缺的重要构成要素。[10]作为客舱的服务者,空乘人员的主要职责是确保旅客乘机过程中的生命财产安全和乘机的舒适感,也就是说,空乘人员在为旅客出行提供服务的同时也承担着意外情况下的安全管理工作,所以,空乘人员不仅仅只是担任服务工作的服务人员,服务过程中还兼具有一般管理层员工的特质,其工作状态和行为表现直接影响航行的完成情况,直接影响旅客对航空公司的第一印象,也就间接地对航空公司的经营带来直接影响。因此,对航空公司而言,如何选拔优秀的适合自己航空公司发展的空乘人员是非常重要而紧迫的问题。同时,空乘人员的缺口也还非常大。有学者指出,随着我国民航市场的进一步开放,各大外资航空公司、民营航空公司等都有空乘人才需求。据业内预测,如果以每架飞机需要30名左右的空乘人员计算的话,加上每年正常的一定数量的自然减员,那么,在未来的20年里,我国空乘人员的缺口将超过10万。[11]

民航业发展对空乘服务人才的需求,促使了相关教育行业的改革发展。越来越多的高校进入空乘人才培养的行列。但除了一些民航类院校之外,绝大多数高校空乘人才的培养都存在缺少空乘服务经验教师、缺少空乘服务人员培养的场地设施等等问题。而且,在人数缺口非常大,精细化、个性化、品牌化又成为航空公司空中服务发展目标的情况下,空中乘务人员的劳动效率以及决定劳动效率的综合素质就显得尤其重要,一专多能的国际化、高素质、技能型民航服务人才已经成为目前航空企业的核心竞争优势,也是空中乘务专业未来人才培养的方向。为了实现这样的人才培养,航空公司与高校联合培养本科层次空乘人才就成为必然,也成为一个现实。对于高校来说,如何培养出满足航空企业需要的高素质的空乘人才也是一件重要而紧迫的事情。从目前的民航运输情况来看,"低成本"与"高品质"并存已成为民航旅客运的发展趋势,"低成本"飞行运输的实现使根据实际情况灵活调整价格和航班次成为可能。那么,如何做到"高品质"呢? 当然,这个高品质除了飞机的硬件设施,更为重要的是"软设施",而空乘人员的服务水平是"软设施"的核心——在激烈的竞争中,航空公司要提高服务质量,就必须做到以乘客为中心,以人性化服务为导向,坚持做到规范服务、标准服务、科学服务、个性化服务等。这里特别要指出的是个性化服务,个性化服务是凸显航空公司服务质量的一个重点,这个点的实现一方面要靠航空公司的总的规划与投入,更重要的是乘务员如何用其娴熟的服务技术,加上充满爱心的魅力与个性,把这个点发挥出来,使得个性化的服务以独具特色的高标准、高规格融进客舱文化,融进企业文化,为企业在激烈的市场竞争中立于不败之地做出贡献。比如,有些航空公司推出了一些独具特色的服务如茶艺服务、酒水服务、点餐服务等,如果从本质上在进行深入分析,我们还可以说。这些所谓的特色服务关键还不仅仅是服务内容,更重要的是实现这些服务的核心人物——空乘人员的职业素养,特色内容加上空乘人员的职业素养共同组成乘客所需要的高质量的特色服务,这才是航空公司需要花力气去凝练的充满竞争力的个性化服务。要培养具有高素质职业素养的满足航空企业需求的空乘人员,高校必然要采取与航空公司合作的人才培养途径。

目前,校企合作的理论研究和实践探索都已经进入相对成熟的阶段,学术界对其研究也取得了斐然的成果。本人在对学界成果吸收的基础上,尝试以航空企业为切入点,对高校与企业合作培养空乘人员进行一番探究。

本探究主要采用了如下方法:

一是文献研究与深度访谈相结合。文献研究法是开展科学研究的理论基础。只有在搜集了大量的相关文献资料,掌握了相关的文献资料才有助于明晰相关理论问题,把握目前研究的成果,才能为即将展开的研究打下良好的基础。在本研究展开的过程中,本人一方面查阅了大量的关于航空公司与高校合作培养空乘人才的研究成果,并阅读了教育学、高等教育空乘人才培养的相关资料;一方面深入航空公司、深入高校、深入教师和学生当中,了解有关航空公司合作培养空乘人才的历史。

二是理论研究与实证研究相结合。理论研究所解决的是科学研究的切入点问题,解决的是科学研究从理论上来看是如何可能的问题;实证研究解决的是科学研究已经在现实中存在的具体情况。在本研究展开的过程中,本人对航空公司与高校联合培养空乘人才何以可能发生的理论基础进行了分析,对二者合作的历史进程进行了梳理,对二者合作的现实存在进行了访问,由此成为本研究不断深入的丰富材料。

三是案例研究与比较研究相结合。案例研究是通过具体的案例透视其间具有的普遍性的存在;比较研究是通过案例对比透视其间的特殊性与普遍性。把两者结合起来,就可以更为深入地了解科学研究项目的可行性于可能性。在本研究的展开过程中,本人选择了国内外高校空乘培养的案例进行对比,也选择了多个航空公司关于空乘人才的职业素养的标准与服务流程,为研究高校联合航空公司培养空乘人才奠定基础。

　　当然,由于学识有限,笔者对高校与航空公司合作培养空乘人才的某些理论问题的看法还不够深入,对某些解决问题的方式、方法的意见和建议还不够成熟,其中甚至还有可能存在一定的偏颇之处,在此祈请各位专家批评指正!

目　　录

第一章　从理论到实践：校企合作溯源 ······················· 1

（一）理论支撑：校企合作的理论基础 ······················· 1

    1. 利益相关者理论 ································· 1

    2. 社会契约论 ··································· 3

    3. 建构主义理论 ································· 4

    4. 协同创新理论 ································· 6

    5. 资源依赖理论 ································· 7

（二）互惠互利：校企合作的动因 ······················· 9

    1. 校企合作实现资源互补 ························· 9

    2. 校企合作降低人力资本成本 ····················· 9

    3. 校企合作满足双方的需求 ······················ 10

（三）坚持探索：我国校企合作的发展历史 ················ 14

    1. 萌芽发展阶段 ································ 15

    2. 初步发展阶段 ································ 15

    3. 快速发展阶段 ································ 15

（四）共同愿景：校企合作的凤愿 ······················ 17

    1. 利益共赢 ··································· 17

    2. 资源互补 ··································· 18

    3. 文化共融 ··································· 18

第二章　不断优化：空乘人才培养的校企合作诉求 ······· 20

（一）国内外空中乘务办学情况 ························· 20

    1. 英国空中乘务办学情况 ························· 20

2. 美国空中乘务办学情况 ……………………………………………… 21

3. 韩国空中乘务办学情况 ……………………………………………… 21

4. 印度空中乘务办学情况 ……………………………………………… 22

5. 我国空中乘务办学情况 ……………………………………………… 22

（二）我国空乘人才培养研究情况 ………………………………………… 23

1. 关于空乘人才培养模式及存在的问题和对策研究 ……………… 23

2. 关于空乘专业人才培养模式的案例研究 ………………………… 24

3. 高校空乘人才培养课程设置及教学研究 ………………………… 24

4. 关于空乘人才培养下的校企合作模式研究 ……………………… 25

（三）现实呈现：我国空乘人才培养现状 ……………………………… 25

1. 空乘学生的招生制度 ……………………………………………… 25

2. 空乘人才培养模式 ………………………………………………… 26

3. 课程体系建设 ……………………………………………………… 28

4. 师资队伍建设 ……………………………………………………… 29

5. 空乘人才培养管理与评价考核 …………………………………… 30

（四）亟待提升：空乘人才培养存在的问题 …………………………… 32

1. 培养目标定位亟待进一步精准 …………………………………… 32

2. 课程设置与学生专业能力需求有一定差距 ……………………… 33

3. 教学形式还有待进一步丰富 ……………………………………… 34

4. 教学实践场地还有待完善 ………………………………………… 35

5. 师资队伍建设还有待优化 ………………………………………… 35

6. 管理与评价体系还有待完善 ……………………………………… 37

（五）强化补养：航空公司与高校联合作办学 ………………………… 37

第三章　共同参与：航空公司与高校合作培养 ……………………… 39

（一）校企合作人才培养的特点 ………………………………………… 39

1. 高校主体，校企协同共赢 ………………………………………… 39

2. 资源共享，参与统一管理 ………………………………………… 41

3. 知识为主，突显实践 ……………………………………………… 41

（二）共研：共同研究培养机制 ………………………………………… 41

1. 共同研究空乘人才培养目标 ……………………………………… 42

2. 共同研究合作教育模式 …………………………………………… 43

3. 共同研究空乘人才培养方案 ……………………………………… 44

4. 共同研究建设实习实训基地 ················ 45

5. 共同研究"双师型"队伍建设 ·············· 46

（三）共同参与人才培养 ······················ 47

1. 共同参与空乘学生的招生 ················ 47

2. 共同参与学生职业能力的培养 ·············· 47

3. 共同参与学生日常管理 ·················· 48

第四章　制度完善：校企合作的保障 ············ 51

（一）制度：校企合作的生存环境 ················ 51

1. 规制性基础要素 ····················· 51

2. 规范性基础要素 ····················· 52

3. 文化－认知性基础要素 ·················· 52

（二）多方需求：校企合作动力的应然分析 ············ 52

1. 调动企业积极性 ····················· 53

2. 促进高校组织制度变革 ·················· 53

3. 推进政府职能转换 ···················· 53

4. 为校企合作提供保障 ··················· 54

（三）制度反思：合作制度的实然考察 ·············· 54

1. 法律性制度建设有待完善 ················ 55

2. 监督性制度不健全 ···················· 55

3. 精细化制度还需完善 ··················· 56

（四）完善制度：合作制度建设的路径 ·············· 56

1. 完善国家宏观层面的制度 ················ 56

2. 完善中观层面的组织协调 ················ 58

3. 完善微观层面的沟通协调 ················ 58

4. 健全合作评价和监督制度 ················ 59

第五章　岗位胜任力：空乘人才培养目标 ·········· 61

（一）空乘人才的岗位胜任力分析 ················ 61

1. 根据国家职业标准分析 ·················· 61

2. 根据行业要求分析 ···················· 62

3. 综合分析 ························· 62

（二）知识结构 ·························· 63

1. 通识教育层面的知识 ··················· 63

2.专业知识 ································· 64

3.与行业相关的法律法规知识 ·············· 64

（三）职业技能 ···························· 65

1.专业技能 ····························· 65

2.其他职业能力 ························· 71

3.可持续学习能力 ······················ 74

（四）身体素质 ···························· 75

1.空乘人员从业身体健康要求 ·············· 76

2.空乘人员从业体能素质 ················· 77

（五）职业道德 ···························· 79

1.敬业乐业的精神 ······················ 79

2.信守承诺的诚信品质 ··················· 80

3.服务乘客、奉献社会的责任意识 ··········· 80

4.遵纪守法、办事公道的规则意识 ··········· 81

第六章　完整与实效：空乘人才培养教学设计 ········ 82

（一）重基础，强实践的课程体系 ·············· 82

1.课程体系设计原则 ···················· 82

2.注重课程体系的基础性和实践性 ·········· 83

3.实行课程负责人制度 ··················· 89

（二）传统与现代相结合的教学方法 ············ 90

1.课堂讲授方法 ························· 90

2.讨论法 ······························ 91

3.案例教学法 ·························· 92

4.角色扮演法 ·························· 93

5.实践教学法 ·························· 94

6.信息化教学方法 ······················ 95

（三）教学研究与改革 ······················ 97

1.研究"课程思想政治"的实施 ············· 97

2.研究如何将行业标准与教学标准相融合 ···· 100

3.研究如何将通过实训课程培养核心技能 ···· 101

（四）多元化的考核评价机制 ················ 102

1.分析考核评价现状 ··················· 102

2.确定规范化的考评标准 ……………………………………… 103

3.考评主体的多元化 …………………………………………… 103

4.考核方式的多元化 …………………………………………… 104

5.考核角度的多元化 …………………………………………… 105

第七章　科学与规范:空乘人才培养教学管理 ………………… 107

（一）健全教学管理机制 ……………………………………… 107

1.树立科学的教学管理理念 ………………………………… 108

2.完善教学管理制度 ………………………………………… 109

3.强化教学管理队伍 ………………………………………… 111

（二）优化教学运行管理 ……………………………………… 113

1.教学计划管理 ……………………………………………… 113

2.教学组织管理 ……………………………………………… 115

3.教学档案的管理 …………………………………………… 117

4.教学基本建设与管理 ……………………………………… 118

（三）教学质量管理与评价 …………………………………… 119

1.建立分级的教学质量监控与反馈体系 …………………… 120

2.建立教学督导制 …………………………………………… 120

3.建立教学质量保障检查制度 ……………………………… 121

4.建立健全教师教学评价系统 ……………………………… 122

第八章　多方协同:空乘人才培养师资队伍建设 ……………… 124

（一）反思:空乘教师队伍建设的地位与作用 ……………… 124

1.高素质的师资队伍是形成空乘人才培养特色的关键 …… 124

2.高素质的师资队伍是提升空乘人才培养质量的关键 …… 125

3.高素质的师资队伍是加深空乘人才培养内涵建设的关键 … 125

（二）学校层面:从规划到建设 ……………………………… 126

1.做好空乘教师队伍建设规划 ……………………………… 126

2.优化师资队伍 ……………………………………………… 128

3.建立健全保障机制 ………………………………………… 130

（三）航空公司层面:注重协同合作 ………………………… 133

1.协同充实空乘兼职教师队伍 ……………………………… 133

2.协同搭建教师深入企业的平台 …………………………… 134

3.协同培养"双师型"教师 ………………………………… 135

（四）教师层面：注重提升职业素养 ················· 136

   1.提升专业技能 ················· 136

   2.提升教学水平 ················· 137

   3.提升人格魅力 ················· 138

注释 ················· 140

参考文献 ················· 147

第一章　从理论到实践:校企合作溯源

从我国高校与企业合作的现实发展来看,"合作伙伴""战略联盟""校企共同体"等新型组织形态不断出现,如何运用相关理论对这些繁杂的组织创新现象进行总结与解释,是一个值得认真研究的领域。从国内的研究情况来看,学界已经开始认识到校企合作理论研究的重要性,但还不能满足当前校企合作发展的需要,探究校企合作的理论基础,分析校企合作的动因及校企合作的发展历史,对研究高校与航空企业的合作有重要的现实意义。

(一)理论支撑:校企合作的理论基础

法国著名社会学家皮埃尔·布尔迪厄(Pierre Bourdieu)指出:"没有理论的具体研究是盲目的,没有具体研究的理论则是空洞的。"[12]任何事物、任何行为本身都隐含着内在的理论,所以,对事物对行为研究的开展应该是以先揭示其内在隐含的理论为前提的。高校和企业之分属于两个不同的行业领域,二者之所以能实现合作,定然也有其内在的联系,这成为二者合作的桥梁。利益相关者理论、社会契约论、建构主义理论、协同创新理论、资源依赖理论我们探析校企合作的理论基础提供了很好的线索。

1.利益相关者理论

弗里曼(Freeman)在他的经典著作《战略管理:利益相关者方法》中认为,利益相关者包括两类群体,一类是对企业生存和发展产生影响的个人和团体,另一类是企业行为过程中所影响的个人和团体。[13]持有公司股票的人,如董事会成员、经理人员等是对企业生存和发展产生影响的个人和团体,这类人构成了

"所有权益相关者";员工、债权人、内部服务机构、雇员、消费者、供应商、竞争者等是企业行为过程中影响的个人和团体,这类人构成了"经济依赖性利益相关者",即与公司有经济往来的相关群体;政府机关、媒体等被称为"社会利益相关者",即与公司在社会利益上有关系的利益相关者。这些利益相关者在企业的发展过程中,因为所拥有的资源不同而会对企业产生不同的影响。

弗里曼(Freeman)提出的利益相关者理论在企业战略和公司治理运行中得到了极为广泛的应用,特别是20世纪80年代以来,公司的治理和企业的社会责任等问题在经济全球化的不断深入以及企业之间竞争的不断加剧的背景下,日益成为人们目光聚集的焦点。在这样的背景下,利益相关者理论认为,各种利益相关者的投入或参与是任何一个企业的发展都不能离开的,因此,企业追求的利益是涵盖整个利益相关者的整体利益,而不仅仅是某个主体的利益。基于此,企业在承担相应的社会责任的同时,还应该全面考虑其与所有利益相关者、与整个社会的关系。因此,企业的目标已经不再单纯是股东利益的最大化,还是利益相关者整体利益的最大化,是企业自身利益的最大化。

利益相关者理论曾经受到过一些质疑,但因为其存在的合理性也在企业管理中得到广泛的应用,并逐渐拓展到其他领域,成为分析校企合作的重要理论切入点。

从企业的角度来看,利益相关者理论成为航空公司与高校合作的理论切入点。一方面,在企业的利益相关者中,雇员是一个很重要的群体,雇员的质量如何,直接影响企业的运作,更是影响企业的利益分配。在当下,绝大多数雇员来源于高校的培养,企业能否迎来满足自己需求的雇员,取决于高校的培养质量。而企业直接与高校对接,尽早地介入人才的培养中去,无疑能更好、更为精准地满足自身对人才的需求。空乘人员在航空公司人力资源的构成中具有非常重要的作用,也占据着非常重要的比重,因此,尽早与高校对接,尽早参与到空乘人员的培养中去,就能为航空公司接收到能即时上岗、符合本公司企业文化、认同本公司管理理念的空乘人员奠定基础。另一方面,在企业的利益相关者中,高校仅仅是作为"社会利益相关者"身份出现的,企业与高校合作,参与高校的人才培养,直接或间接地帮助高校解决学生的就业问题,是企业承担社会责任的表现。

从高校的角度来看,高校和学生都是重要的利益相关者。高校是一个组织层面的利益相关者。张维迎教授在《大学的逻辑》中指出,大学作为非盈利性组织,是一个典型的利益相关者组织,每个人都承担一些责任,但没有任何人对自己的行为负全部责任。大学里面的利益相关者包括教授、校长、院长,包括行政人员,包括学生以及毕业了的校友,当然也包括纳税人。[14]李福华把高校利益相关者分为四个层次,第一层次是核心利益相关者即广大师生员工,主要是教师、学生、管理人员;第二层次是重要利益利益相关者,即校友和财政拨款者;第三层次是间接利益相关者,即与学校有契约关系的当事人如科研经费提供者、产学研合作者、贷款提供者等;第四层次是边缘利益相关者,即当地社会和社会公众。[15]在高校这个利益相关者组织当中,学生是作为核心利益相关者的身份出现的,因此,如何满足学生的需求,如何实现学生的优化培养,是高校肩负的重要责任。面对那些绝大多数就业去向选择是企业的学生来说,尽早地让他们与企业接触,无疑是优化学生培养的科学路径。

对于美国大学与产业的关系,美国学者科尔顿(R. M. Colton)和安戴尔(G. Undel)是这样阐释的,在大学与产业关系的最初阶段,二者是各自分开的独立系统,随着生产和科学技术的发展,大学和产业两个系统之间有了一些单方面的、偶然的联系,即初步合作。随着外部环境的进一步变化,大学和产业之间逐渐有了一些双向交流互动的合作计划,两者的合作关系更加密切。到最后,大学和产业之间形成了一种更加成熟的、部分职能重合的、深度合作关系。[16]

由此,利益相关者理论在校企合作中适用。校企合作的核心内容就是打破高校相对封闭办学的状况,使得高校办学主体实现多元化,并共同参与高校的人才培养。这就涉及到多个性质不同、又有各自预期利益的组织结构和个体等利益相关者,比如政府、高校、企业、社会团体、学生等,为此,必须要建立一种由政府部门、高校、企业、行业、学生、家长和社会团体等利益相关者共同参与的校企合作的人才培养模式。在进行校企合作人才培养的时候,应该充分考虑到各利益相关者的利益诉求,必须确保最终实现各利益相关者真正参与共同育人和实现各自利益诉求的"双赢"目标。因此,运用利益相关者理论,从"利益"角度出发来剖析和探寻校企合作的有效性问题,既成为一种研究的趋势,也使得校企合作成为可能。基于此,我们认为,利益相关者理论为校企合作奠定了理论基础,提供了理论上的合理切入路径。

2. 社会契约论

利益相关者理论为校企合作奠定了理论基础,提供了理论上的合理切入路径,而社会契约论则为其实现提供了保障。契约论从两个角度为我们诠释校企合作。

第一从企业对社会的责任的角度。社会契约（social contracts）是一种常被用于解释企业社会责任的理论。早期的社会契约仅仅是一种社会规范，伴随着技术发展和工业文明的到来，社会契约随之发展为经济层面的社会契约与社会伦理层面的社会契约。于是，企业作为人类社会的经济活动下诞生的一种组织，自然被要求去遵守有利于人类社会和经济发展的最基本的社会契约。而且，随着人类社会活动的日益复杂化，企业实际上越来越复杂地处在一张由众多共同体所构成的大网之中，在这张大网中，企业不是独立存在的，企业不可能单纯追求经济目的，于是，契约论便为企业参与这种世界新秩序的理解提供坚实的理论基础——企业通过与社会建立契约而获得合法性，"企业是通过与社会建立契约而获得合法性的，因此企业社会责任由一系列契约所规定，这种契约关系要求企业的行为必须符合社会的期望，为社会的改善尽自己的责任。"[17]同时，企业的社会责任也由一系列契约所规制。

第二，从保障企业与高校合作的关系的角度。卢梭的《社会契约论》是契约论的权威解读，他认为，以契约的方式建立一种可行的行政规则，既能够发挥公共力量的防御和保护，同时能够保障每个人的权利和自由。契约的产生源于人类为了通过合作的方式使自己能够更好地生存下去，契约的建立必须是公平的，必定符合全体成员的利益。而且，契约一旦建立，就无法更改。

基于契约论的基本理论，校企合作就有了契约的规制与保障。在契约的规制与保障下，校企合作双方对各自的权力与责任都有明确的确定，尤其是建立在书面基础上的校企合作，更是体现了校企合作的法律规范性——契约的建立是平等的，契约一旦建立，不可更改，如学者吴建新所描述的那样，"在契约的规范和约束下，校企合作双方对各自的责任、义务和权力都有明确的规定，建立在书面基础上的校企合作更能反映校企合作的法律规范性"。[18]这样，无论是高校还是企业，双方的合作因为有了契约而更为互信，行为更为有效，合作更为持久。

在契约理论下，航空公司与高校联合培养空乘人才，意味着彼此之间既享有一定的权利，同时也必须履行相应的义务，二者在相互的权利义务平衡的情境中培养出让双方都满意的空乘学生。

3. 建构主义理论

契约论为校企合作提供了保障，校企合作的目标是更为优化地培养学生，那么，是否有理论为学生接受校企合作模式提供支持呢？我们来分析分析建构主义理论。

皮亚杰、杜威等人对建构主义理论做出了巨大贡献,他们不仅使得建构主义理论产生了影响,而且使之广泛应用于认识论领域和教育实践领域。建构主义理论在发展过程中形成了三个基本观点:其一,知识不是被动接受的,是个体在受教育的过程中主动建构的,其二,知识是个人经验的具体化,个体通过自己的经验来构造自己的知识,其三,知识是和他人磋商后达成一致的社会建构。基于这三点,建构主义在教学实践中的应用形成了如下视角:其一,学习是一种学习者主动地建构内部结构性的知识和非结构性的经验背景知识的活动。其二,学习是一个过程,这个过程既包含对新信息的意义建构同化过程,也包括对原有经验的改造和重组顺应过程。其三,知识本身是客观的,但因为不同的人具有不同的个人经验,而对于知识的认识和理解与个人经验有关,并且,知识的形成是个体与外部环境交互作用的结果,所以,个体可以借助学习者之间的有效合作而使自己对知识的理解更全面和更丰富。其中,最为核心的是,知识不只是通过教师传授得到的,而是学习者自己建构的,是学习者在个人的经历经验的情境、在与其他学习者互动交互作用过程中自己建构起来的。学习者一直处于中心地位,教师的责任和义务是通过有效的方式和途径创设情境,帮助学习者进行意义建构而获取知识与能力。

在这个理论框架下,有两个重要要素影响学生获取知识——学生的主动性和学生获取知识的环境。既然学生是在与情境的交互作用过程中完成知识建构的,所以,这个情境特别重要。高校是培养学生的重要场所,学生是在校园环境中通过课程教学、实验教学等环节完成知识的建构。企业是部分学生未来的工作场所,如果能把企业整合进来,让学生能在企业环境中进行知识的建构,特别有助于学生知识体系的优化,有助于学生对理论知识体系的进一步理解,有助于学生职业技能的具体化。

建构主义学习理论对高校与航空公司联合培养空乘人才培养具有如下两方面的启发:一方面,在教学中,高校和航空公司都应激发学生对知识构建的潜能,积极帮助学生内化已有的知识,并将所学到的职业素养形成与提升的知识经验作为新知识的增长点,引导学生在专业学习中对问题深入探讨、不断交流和大胆质疑的习惯与能力。另一方面,航空公司与高校共建实训基地,为空乘学生提供实习实训基地。实习实训场景具有高度模拟真实而复杂空乘服务工作情境的特点,能刺激空乘学生更加高效地学习,并且使学生在实习实训基地的真实或模拟场景中联系理论知识,积累实践经验。航空公司与高校共建的实习实训场地的实践过程就是帮助空乘空乘学生建构专业知识架构的过程,实习实训场上真实的场景和任务,可以极大促进学生对空乘服务行业、对航空公司工作环境、对民航业的发展现状和趋势的认识和理解。在这里,对于培养空乘人员的高校来说,能够把在校期间的学生放到企业中去,确实能够使学生在真实的职业环境中体验进一步建构其与空乘职业相关的知识以及知识后面的意义世界。对于企业来说,接受的是一个已经融入职业环境的雇员,无疑实现了企业的利益最大化。

这就是建构主义理论所倡导的学习观念。在建构主义理论中,学生主动地在与情境的交互作用中完成知识的意义建构观点,使得校企合作成为可能。在航空公司与高校的合作中,如何激发空乘学生主动地在学校与企业的相互合作中完成有关空乘岗位需要的知识与能力的构建,是建构主义理论为我们提供了基础,也对我们提出了挑战与思考。

4. 协同创新理论

"协同"概念出自德国物理学家哈肯的《协同学——大自然构成的奥秘》,意指"参与整体发展的各参与主体之间通过沟通协调与相互合作,产生超越各主体单独作用的效用,实现整体效能和利益的最大化"。[19]

应用于物理学和自然界的"协同"也在一定程度上反映了社会不断发展与演化的机制。比如,在经济领域这个开放的系统中,市场可以把各个主体紧密地联系起来,其间的各个要素及其子系统会在新能量的作用下重新组合,从而体现出协同效应。由此,协同是一种优化的、有效的组合方式,这种组合方式优化了资金的充分利用,也加速推动了创新的进程,因为,新的组合带来新的技术。作为经济领域中的一个系统,企业是协同创新的重要主体之一。

那么,对于高校来说,协同创新意味着什么呢?别敦荣学者指出,高校的协同创新理念是大学基于集成、合作、融合与共享的价值准则,谋求创新发展,谋求高校人才培养效率、水平和质量的思想观念。协同创新理念的提出和践行极大地改变了我国大学办学理念的被动局面,是我国大学在结合符合高等教育发展规律理念的指导下,谋求具有划时代意义的新发展,是我国大学创新由割裂走向融合、由分散走向集成的客观要求,是大学自身突破传统创新的必然结果,协同创新理念既是大学办学内生的需要,又是社会发展对大学所提出的新要求。[20]一般来说,高校实现协同创新的途径有两条,一是高校内部自我协同创新,通过高校内部不同院系之间在科研思想、技能与技术等方面的交流合作,实现高校主体内部知识共享。一是高校与外部互动发生协同创新,通过与其他主体的产、学、研协同创新,高校与企业联合办学就是这一路径的呈现。

高校和企业是构成社会组织的两大重要主体,二者的合作既能促进经济要素的优化配置,同时还能满足合作双方的利益诉求。我们可以从资源整合和成员互动两方面来考量协同创新理论对校企合作的理论支撑。如下图。[21]

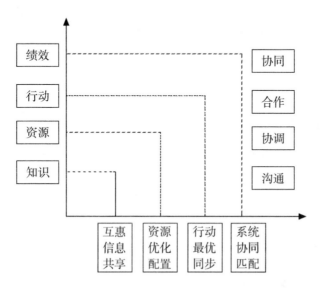

从高校的角度来说,协同创新能够帮助高校优化学生的实践教学,能够适应行业对人才培养的要求,能够提升人才培养质量;从企业的角度来说,能够最大效益地获取符合企业发展的人力资源。航空公司与高校合作的协同创新,能优化高校空乘人才培养的实践性能力,能为企业提供满足其需要的空乘人才。

5. 资源依赖理论

资源依赖理论认为,整个社会系统是不同利益群体共同组成的开放的联合体。在这样的联合体中,每个组织都是一个利益群体,有自己独特的目标和个性化的预期。目标和预期的实现有赖于组织内要素的互动以及组织与外部环境的互动,组织内外的互动离不开资源,对于任何一个组织来说,都不可能持有实现自我供给下的组织内外互动所需的全部资源。相反,大量影响组织内外互动的稀缺和珍贵的资源都存在于组织的外部环境中。因此,所有组织在某种程度上都不能够完全独立的存在,都必须依赖于外部环境而生存发展。而为了生存和发展,组织就必须不断地从外部环境中吸收各种资源。

由此看来,资源依赖理论呈现了这样一个特征:维持组织的运行需要的多种不同的资源不可能都由组织自己提供,组织的正常运作是由多种在组织内进行的活动构成。基于此,任何组织都必须依赖环境以求资源,都必须依赖其他单位的活动来维持正常运作。

这种对外部资源的需求的特征使得企业和外部组织之间产生了极大的依赖关系,如何管理这些依赖关系是企业不可回避的问题,成功管理这些依赖关系的关键在于,一方面能否通过控制关键的资源来降低对外部组织的依赖,另一方面能否通过占有更多的资源来提高外部组织对企业自身的依赖。于是,企业通过优化自身所拥有的资源和通过合作伙伴获得关键资源,增加整体的实力就成为一种必然。

在市场经济条件下,高校面临的竞争压力亦如企业一样,于是,校企合作成为高校和企业双方各自发展的需要。对高校来说,高等教育的核心要素教学质量、科研能力及社会服务能力水平,都必须要随着社会经济发展和科学技术水平的不断提高才能保持高校的可持续有效发展,这就需要在优化自身内部资源的同时,通过多种途径获得大量的外部资源的支持;对企业来说,技术、人力、组织、战略等因素是企业竞争优势的主要来源,其中,人力资源的丰富性和先进性则构成了企业的核心竞争优势。这样,高校与企业各自对核心竞争优势的获得的期望,使得组织间异质性资源交换和整合的需求加强,校企合作形成的可能性和可行性增大。

于是,校企合作就成为一种把高校与企业之间的资源依赖化解为二者之间互补的模式。校企合作就是参与合作的利益主体——高校和企业之间基于资源需求而进行的选择、配置和利用的过程。在校企合作过程中,企业给高校提供的资源有资金、场地、捐赠、人力资源和社会资源等,其从高校获得的资源是人力资本、成本降低、技术改造和创新等资源;而高校提供的资源则是原创性的知识和技术、声誉、人力资本以及教育管理等等,其获得的资源为资金、政策扶持、知识内容更新、场地、捐赠、多元文化的融合等等。当然,在高校与企业合作的主体中,还有一个显性提供资源,隐性收获利益的组织——政府,政府提供的资源是财政拨款、政策导向、法律与管理规定等,其扮演的角色是为社会发展及生产力提升供应各类动力并给出一定制约,其获得的资源则是隐性的——高等教育的发展和企业的发展及其所带来的社会的高度发展。

从如上各主体对资源的供给与需求可以看出,高校与企业进行合作,不存在竞争的矛盾,互相之间提供的资源是互补性的,由此,校企合作形成的主要原因是获得互补性资源是参与各方获得了一种互补性资源的关系。

在资源依赖理论框架下,航空公司与高校联合培养空乘人才,航空公司提供了绝大多数高校所缺乏的实训场地以及有丰富的实践经验的人力资源;高校提供了优质的教师队伍和深厚的理论积淀的文化熏陶。二者互相补给,最大限度地满足自身的需求。

总之,如上理论从不同角度为校企合作的实现提供了理论的切入点,在某种程度上也为校企合作提供了方向。航空公司与高校联合培养空乘人才,一方面是以这些理论为指导,另一方面进一步诠释了如上理论。

(二)互惠互利:校企合作的动因

1.校企合作实现资源互补

资源依赖理论为校企合作提供了理论基础,从另外一个角度来说,实现二者资源上的互补也就成为校企合作的动力。学校和企业拥有的资源具有较强的互补性。

2.校企合作降低人力资本成本

交易成本经济学将组织间关系的形成动因归结为交易成本,即企业如何通过跨组织活动,通过与其他组织的合作来降低企业的生产和交易成本。与高校的合作就是重要途径之一。按照交易费用理论,如果企业与高校之间是两类主体间关系,两者间不存在依赖和契约关系的话,则交易成本较高;反之,如果企业与高校之间形成了建立在合作和互信基础上两个主体间的关系,二者之间是相互依赖和长期契约关系的话,则交易成本较低。

就高校而言,高校是培养人才的教育组织,其培养的人才归根结底是为社会为企业服务的。但它也存在一定的风险,即其培养出来的人才不符合社会不符合企业的预期目标。如果人才培养的预期目标和企业的实际需要不一致的话,高校就面临重大的学生就业危机。同时,高校在人才培养的过程中,也需要更多的外在资源的介入,比如资金、场地、技术等等。这样,实施校企合作,让企业参与到人才培养的过程中,从而使人力资本的依赖性风险通过与企业形成的相关契约得以分散。同时,还可以借助企业资源缓解资源配置的刚性。

就企业而言,企业是否参与高校人才培养是与资本专用性和治理结构紧密相关的。我们以新员工的招收来做分析,当高校培养的毕业生在某类岗位的人力资本专用性为零,即高校培养的学生能够无差别地尽快适应不同的企业环境的话,那么,企业不与高校合作,不参与高校的人才培养,对企业而言是有利的。但实际上,人力资本专用性为零的情况是非常少的,单纯由学校培养的人才一定会需要一段时间来适应特殊的工作,甚至会出现大量的还需要由企业进行再培训的现象,这样,适应期延长,产生的成本就会增加。当产生的成本高于企业因办学承担的全部成本的时候,企业在整体上便更倾向于参与人才培养,实现与高校的人才培养的合作关系。比如,当学校培养的空乘学生不需要经过航空公司的再培训就可以迅速适应空乘服务于管理的工作环境,那么,航空公司不需要与高校联合培养空乘学生;反之,当其再培训成本高于投入与高校联合培养的成本时,航空公司就更愿意采取与高校合作的方式培养空乘学生。

3. 校企合作满足双方的需求

第一,满足了高校人才培养模式改革的需求。以高校自主培养为主是我国高等教育主要的人才培养模式,其瑕疵在于有可能脱离市场对人才的需求,而导致学生不能适应市场需求实现就业以及职业发展。校企合作模式的特点在于,高校必须以企业的需求为导向来制定学生的培养目标,按企业的需求来设置教学过程的各个环节,以期学生在完成学业后符合企业的需求而被企业迅速接受。这模式本质上就是对高校人才培养的变革,恰好是对现代高等教育急需人才培养模式变革的一种极好回应。因为这种变革,许多高校"闭门造车"的培养模式已经发生了巨大的改变,生发出了许多新的校企合作的人才培养模式,如"订单式"和"定制式"合作模式等。这些模式的出现对我国高等教育的发展起到了巨大的促进作用。

在校企合作的培养模式下,学生育人主体和育人环境发生了变化,呈现了育人主体和育人环境双重性的特征。在育人主体上,高校传统的人才培养模式由高校作为唯一主体独自承担培养人才的任务;而在校企合作培养模式下,育人主体由高校的一维性主体演变成高校和企业二元主体,共同承担培养人才的任务,而且要融合企业对人才的要求组织人才培养。从育人环境来看,高校传统的办学模式局限于校园、局限于学校的课堂和实验室,主要由教师传授学生理论知识为主,学生只能在校内的实验室或实训场地进行实践,且实践的比重比较小;而在校企合作培养模式下,学生同时接受学校和企业两个不同的教育资源的熏陶,同时可以在两个不同的教育环境接受知识的传递,同时可以拥有以收获理论知识的课堂教育环境与获得实践经验和能力为主的生产实践环境,这样更有利于学生的发展。

从静态角度来看,校企合作模式是高等院校教学改革的内在需求,从动态角度来看,高校的教学改革由此得到深化。因为企业的加入,使得高校无论是课程的设置,还是课程的教学组织与考核都发生了变化。课程的设置要符合企业人才类别的需求,符合企业经济发展的动向。课程教学不仅体现在课堂上,还体现在企业的职业环境中;课程的考核不仅由学校评定,还需要与合作办学的企业共同评定。所以,校企合作模式深化了高校的教学改革,有利于人才培养质量的提升。

在校企合作模式下,高校能够更现实地把握行业发展趋势,更真实地掌握企业用人的需求,从而更有针对性地进行人才培养,最终促进毕业生就业状况的改善。

总之,开展校企合作,能够让高校走进企业,充分了解企业的需求,了解当今社会对教育的需要,从而明确教育方向,不仅在教学内容上,而且在教育质量上,可以培养出更适宜的人才。所以说,校企合作是高校明确教育方向的重要参考。

第二,校企合作满足了企业的需求。当下,劳动力市场存在一个矛盾,学校学生找不到心仪的岗位,许多企业招不到满意的员工,究其原因在于高校所培养的学生不能迅速地适应工作岗位,不能迅速地满足企业的需求,这就直接影响了企业的生存和发展,而校企合作模式恰恰能成为破解这一困境的钥匙。

其一,校企合作有利于企业按照自己的发展需求来培养人才,迅速招收到符合自己要求的员工,符合企业培养人才的内在需求。校企合作的本质就是企业提出自己的人才需求,高校与之合作,在符合高等教育发展规律的前提下对合作专业的学生进行培养,学生完成学业之后,企业可以优先录用符合自己需求的学生,其录用的标准就是学生在进入企业之后就能够迅速胜任岗位工作,这样既降低了企业的用人风险,也降低了企业的用人成本。

其二,企业通过校企合作节约了企业员工的培训成本。一般来说,如果企业招来的员工不能迅速适应工作岗位的话,企业就只能采取加强对员工培训的方式来提高员工素质,这就增加了员工培训的成本。而在校企合作模式下,企业依据自己的需求提出了人才培养目标,人才培养的整个过程都是围绕企业需求来设定的,这样培养出来的人才自然能够迅速适应企业的工作岗位,极大地减少了企业的员工培训,从某种程度上间接地提高了企业的效益。

其三,企业在和高校合作的过程中,可以把企业员工的职业文化素养和职业道德等相关职业教育融进教学内容,把企业的管理规范融入校园文化之中,可以通过校企合作项目的建设,增强企业与学校的交流和互动,潜移默化地把自己的企业文化与理念传递给老师和学生,在宣传自己企业文化的同时,也尽早地让未来的员工明确企业岗位要求,懂得企业员工应该遵守的职业操守,从思想意识上理解、接受并认同自己的企业文化,这对于帮助员工迅速适应企业具有非常重要的意义。

其四,校企合作还帮助企业带来了社会效益,促进了企业社会责任的实现。企业的社会责任是企业存在的一个特质,企业积极主动地参与到高校人才培养的活动中来,培养出了一大批高素质的人才,不仅满足了其人力资源上的需求,而且还能得到高校的赞扬和社会的认可;企业积极主动地参与到高校人才培养的活动中来,还极大地促进了科技创新,为社会的发展提供了动力;同时还为学生就业保驾护航,为社会提供稳定和谐的环境,于是,企业通过参与校企合作实现了企业的社会责任担当。

其五,校企合作能够促进企业创新型高层管理人才的培养。创新型高层管理人才是指具有很强的创新意识和创造性激情的人才,他们全面负责整个企业的管理。他们的主要职责是为企业设定总体目标和战略,掌握企业的一般政策,评估整个企业的绩效。创新型人才应具有创新素质、创新的意志。创新型高层管理人才需要其观察力敏锐、创新思维先进、创新知识和科学创新实践,特别是要有强烈的求知欲、较强的自学和探索能力,要学会主动运用新思想、新技术、新方法解决未曾遇到的新问题。比如中国南方航空公司,对高层管理人才不但在专业、运营、技术、战略等管理方面有严格的选拔条件,同时对勇担责任、开拓进取的领导者个性以及组织归属、自我实现的领导者动力也有着严苛的评价标准。高级管理层的主要职责是:参与重大决策,负责本部门职责内容,并且拥有员工和主管的双重角色;在某个领域或某个方面有专业的知识;有良好的道德修养,可以与他人合作,自己可以独立或带领团队实现突破性领域的技术和管理;有一个健康的身体和良好的心理素质,有勇气克服困难,努力工作。总之,企业发展和创新离不开创新型高层管理人才。

就我国目前的现状而言,我国大约有 2000 万家大型企业和 5000 万家中小型企业,企业拥有大约 3500 万名管理人才,占全国人口总数的 2.7%。从教育结构的角度来看,学士学位毕业生及以上学历者占管理人员总数的 23.7%,大专学历者占管理人员总数的 31.6%,高中学历者占管理人员总数的 23.1%,小学到初中学历者占管理人员总数的 21.6%。从年龄结构来看,35 岁以下年龄的人占管理人员总数的 6.7%,35 岁到 45 岁年龄的人占管理人员总数的 48.

3%,46岁到55岁年龄的人大约占管理人员总数的40.2%,55岁以上年龄的人占管理人员总数的4.8%。

随着创新型企业的不断增加,企业中高级管理人才与日俱增。高级管理人才在促进企业发展的同时,也在促进地方管理的发展,并取得了相应的成绩。创新型企业高级管理人才无论是在人才数量方面还是在人才能力方面,总体趋势良好。目前,人才的重要性日益凸显。无论是在政府还是事业单位,人才的选拔和培养都得到了极大的提高。企业把高级管理人才建设纳入企业总体规划中,并充分考虑将其列为重点扶持对象,不断壮大人才数量和提高人才综合素质,从根本上促进企业长期的发展。比如,绝大多数航空公司都把公司人才建设纳入公司发展规划中,像南航的"明珠之蓝"计划,尝试采取与高校联合培养的方式作为企业高素质人才培养入口端、实现企业人才综合素质提高的重要途径。

目前,创新型企业在高层管理人才培养方面还存在一些问题。比如,其一,企业的人才创新意识缺乏。创新是企业管理的重要环节,对于企业管理人员来说,创新意识也很重要,只有把握企业的发展水平和创新管理的可持续发展潜力,才能在一定基础上充分利用创新管理。但迄今,创新型企业高层管理人员大多数欠缺创新意识,无法跳出企业管理环境的框架。所以,企业急需内部高层管理人员的创新与改革。其二,管理人才的素质有待提高。在目前的教育体系中,高级管理人员通常只知道他们所熟知的专业知识领域,而对其他领域的知识却知之甚少。一般来说,高层管理者的管理方法和策略都很简单,没有针对具体企业的特殊管理。此外,高级管理人员的知识缺乏,难以跟上市场变化的步伐,这使得企业产生了低质量的管理人才,无法满足企业的管理要求,最终阻碍了企业的长远发展。其三,缺乏有效的激励机制目前,创新型企业缺乏完善的就业制度。如果建立完善的激励机制,将充分发挥企业员工的潜能,使企业在短时间内拥有合适的管理者。然而,当今一些企业存在的普遍现象是,缺乏健全规范的人才选拔机制,没有真正落实和完善优秀管理人才的激励机制。其四,缺乏其成长的完善平台。员工在工作中不断成长,员工可以充分发挥他们的潜力,通过阶段性的训练,把自己培养成企业的生产技术骨干或者高层管理人员。但目前创新型企业的内部晋升制度,给那些有经验和技术的基层员工的机会屈指可数。其五,行业歪风邪气使得用人存在严重的腐败现象。所谓企业人才管理的监督机制,就是要抑制高层管理人才的不正之风和腐败现象。然而,一些创新型企业由于缺乏有效的监督机制,行业歪风邪气盛行,使得高层管理人员因人力、金钱等因素导致的腐败现象频繁出现。如上问题,在部分航空公司也存在。比如中国南方航空公司在 2015 年出现的高层管理人员腐败问题,也是监督机制不及时的重要体现。因此,如何培养创新型企业高层管理人才就显得非常重要。

校企合作是培养创新型企业高层管理人才培养的重要途径。高校可以为企业高层管理人员的培训提供资源。创新型企业要在市场竞争中站稳脚跟,必须依靠高技术和良好的服务态度。管理者不仅在内部成长,而且与外部环境也息息相关。实现技术创新,保持快速、稳定、可持续发展,是高质量、高创造力、高管理的主要因素。高校的高水平的师资队伍、高质量的科研团队是企业高层管理人员培训的重要资源。想要创新型企业快速健康成长,就必须采用新型的校企合作方式,利用高校特有的人才培养优势,与高校合作建立起现代企业高层管理人才培养和选拔框架的机制,充分调动高层管理人才的主动性、积极性和创造性,以此提高高层管理人才的整体素质。如果我们想要在竞争激烈的市场中站稳脚步,就必须牢牢掌握人才竞争的主动权。

第三,满足了学生成长的需要。校企合作模式对于学生的意义更大。其一,企业提供的企业实践更具有专业性,学生能把学校掌握的理论知识应用于实际中,在实践锻炼中得到更好的训练,能够强化其对专业知识的建构。其二,在企业实践的过程中,学生既深入了解企业的工作流程,同时也了解了企业对人才的需求和标准,进而不断提高自身的职业能力以及综合素质,以更好地满足企业的需求,这样就能极大地提升学生的职业能力和就业能力。其三,在真正参与到企业的工作实践过程中,学生的思想和心理都会比单纯地在学校学习成熟得更快,因而更能根据参与工作获得的真实感受,优化自己的职业生涯规划。

(三)坚持探索:我国校企合作的发展历史

校企合作模式缘起于美国加州在 20 世纪 50 年代形成的高技术综合体的"硅谷模式"——一种科研机构与高校联合,结合生产与科研,将科研成果迅速转化为生产力或商品的模式。"硅谷模式"的成功使得校企合作在全世界范围内开启。我们国家也不例外,只是起步相对晚些,并与我国国情相适应,呈现出由点到面,由浅到深,由低到高的特点。我国校企合作历史大概经历了萌芽发展阶段、初步发展阶段、快速发展阶段和平稳发展阶段,其中,合作的规模不断扩大,合作内容不断丰富,合作形式不断多元化,合作水平不断深化,使得我国校企合作不同阶段呈现不同的特征。

1. 萌芽发展阶段

20世纪50—60年代是我国校企合作萌芽发展阶段。这个阶段的校企合作发生在我国军工行业,军工单位通过从各大高校挖掘优秀人才,输送到军工事业当中,因此这个阶段的校企合作本质是发展军工事业。

这样的本质决定了当时的校企合作呈现这样的特征:这是一种政府主导型的校企合作模式——政府主导,国家进行高校人才分配,合作中带有极强国家战略。在运作机制上来说,这种合作方式是定向形式的,由军工单位确定教育指导方针,确定具体的教学内容,以此推动科研人员献身军工,同时促进了我国军工企业的发展,对我国国际地位的建立起到了非常重要的作用。正因为这样,所以有的学者不完全认可这个阶段的高校和企业的合作是现代意义上的校企合作,但它确实开启了我国校企合作的先河。

2. 初步发展阶段

20世纪70—80年代末期是我国校企合作初步发展的阶段。从党的十一届三中全会召开开始,中国进入改革开放,高校也投入改革开放的洪流中。在这样的社会环境下,我国校企合作开始逐渐从萌芽阶段的政府主导型向市场型转化,高校和企业之间存在一些互为满足需求的利益驱动。特别是一些面临体制改革问题的国有企业,因为改革的力度大,要求的技术改进也比较大,与高校合作的意愿自然也非常大,这与处于改革洪流中的高校需求不谋而合。于是,不少高校开始改革,开始开放胸怀,开始根据社会需要,为企业提供各种技术和咨询支持。

所以,这阶段的校企合作的特征在于,企业与高校更多的是产研合作,更多的是高校科研成果转化为企业的技术,而在人才培养上的合作还不够深入。同时,由于发展较快,政府的相关支持政策还不够到位,出现了诸多问题,比如知识产权没有得到重视,社会效益没有达到预期目标等等。

3. 快速发展阶段

我国校企合作快速发展时期是在20世纪90年代。1991年,我国成立了产学研教育协会。1992年,国家教委、国家经贸委和中科院共同启动了校企联合开发项目的"产学研联合开发工程",该工程的主要目的在于,期望在市场经济体制环境下,通过校企合作形成产学研协调发展的新机制,从而探索出一条适合我国国情的科技与产业紧密结合的新道路。1994 年 3 月 1 日,国家部委正式出台了关于高校发展科技产业文件。随后,在 1995 年召开的全国科技大会中,提出了科教兴国的决策,明确提出科技工作的主要任务是要解决经济社会发展中的一些重大问题。而不断推进学校与企业的融合是实现这一任务的重要手段,由此产学研正式确定为重要的校企合作基础。然后,在党的十五大报告中明确指出,科研机构和高等学校应采取多种形式与企业合作,走校企合作的道路。于是,许多大学开始和企业建立广泛的合作关系,尝试探讨适宜我国国情的具有完善的一体化体系的校企合作模式,在这一背景下,我国高校校企合作得以快速发展。

这一阶段,校企合作与前一阶段的有相同点也有区别点。相同点在于,二者都是以科学技术为连接点进行的校企合作,高校把自己的科研成果转化为技术为企业服务。不同点在于,前者面向的更多的是刚刚进入改革潮流中的急需变革的企业,是在我国经济体制改革的环境下进行的。而后者面对的则是所有居于科学技术创新的大环境下的企业,高校和企业希望通过科技成果转换为主要目标,以科技技术创新为动力,融合高校和企业两个市场主体,从而推动企业的发展,推动中国经济的腾飞。这个阶段上的校企合作模式表现除了典型的时代特征,在现代科学技术开始成焦点的背景下,校企合作表现出了为科技驱动型的校企合作,而不是政府驱动型的校企合作的特征。这期间涌现了不少高科技企业,例如腾讯、华为、百度、阿里等等。该阶段的校企合作仍然偏向于高校科研成果转化为企业的技术。

一直到现在都是我国校企合作平稳发展的阶段。经过前一阶段的发展,很多高校校企合作取得了成功。在进入 21 世纪初的时候,我国高等教育的发展出现了一个特别的情况,就是高校的扩招,高校扩招带来的毕业生人数不断扩大,毕业生的就业去向逐渐成为一个非常严峻的问题。同时,此时我国的经济发展也进入一个高发期,企业的发展也进入了一个高峰期,对员工的数量和质量的需求都非常大。在这样的背景下,高校与企业的合作出现了新的动向,开始从偏重于科技成果的转化,转向人才培养——既解决企业对员工的需求,又帮助高校缓解学生的就业压力。就此,我国的校企合作真正走上了产学研一体化,合作模式多元化的发展道路。

(四)共同愿景:校企合作的夙愿

所谓共同愿景是指双方为了实现各自的预期而共同勾画出的、有关双方未来发展的远大理想和宏伟蓝图,是建立在组织及其成员目标、责任和使命感一致基础上的共同愿望或理想。共同愿景是校企合作的缘起与夙愿,是校企合作双方为了满足各自的需要而共同规划出的方向一致的理想和目标。共同愿景会将校企合作双方紧密联系在一起,确保校企利益共同体的建立、运行和成果产出。

1.利益共赢

利益共赢是校企合作的重要的共同愿景,也是双方合作得以建立与持续发展的关键要素,是校企合作有效运行的根本动力。

在校企合作关系中,校企双方代表着教育和经济两个不同的利益体。在经济利益驱动下,企业作为经济利益的主体,考虑更多的是如何实现短期利益最大化。作为教育利益的主体,高校注重的是以人才培养为核心的长期社会效益的发挥。很明显,这是两个具有一定差异的利益主体,其在合作的过程中会呈现不同的利益诉求。

高校的利益诉求主要表现为:其一,企业参与到高校人才培养目标的制定中来,参与高校更加合理地调整学科专业设置,参与高校教学管理与教学改革,使高校的人才培养更加贴近行业发展需求。其二,使学生真正受益。在企业的参与下建设更加有效的真实的实习实训场地,为学生提供更加真实的情景性的职业能力教学,使学生参与企业真实的职业实践活动,帮助学生了解技术实践的先进性和复杂性,了解未来要从事的职业活动标准和流程,从而更好地将理论知识转化为实践能力,转化为真实的职业行为。其三,促进"双师型"教师队伍建设。在企业的参与下,高校不仅具有教学经验丰富、专业知识扎实的专职教师,还能从企业收获具有丰富实践经验和从业经验的兼职教师,这些兼职教师能把企业的生产、经营、管理等方面的新趋势与学生所学的内容紧密联系。而且,高校还可以把自己的专职老师放到企业中去实践,提升专职教师的岗位技能,促进"双师型"教师队伍建设,更好地促进高校的人才培养。

企业的利益诉求表现为:其一,与高校共同联合培养符合企业需要的人才,这是企业与高校合作的终极目标。其二,企业在合作过程中可以利用学校资源对企业职工进行继续教育,在有效节约企业的人力资源开发成本的同时,还能使企业职工接受高校异质能力的培养。其三,企业还可以从高校获得信息与技术服务的支持,与高校一起更深入地开展产品的研发,为企业的技术实力和市场竞争力提高奠定基础。

因此,明确校企双方的利益需求的基础上,共同建立利益共享机制,为实现利益共赢进行有效运行,是校企合作的共同愿景之一。

2. 资源互补

资源互补是校企合作的另一共同愿景。所谓资源互补,是指双方各自的资源能够为双方互为补充且能共享和使用。从校企双方来说,高校和企业合作的资源互补是指校企双方建立起人才、信息、资金、设备、场地等资源共同使用、互相补充的关系。资源互补的存在是校企合作建立的基础,是校企实现利益共赢的重要条件。从某个角度来说,校企的深度合作过程就是双方优势资源交换的过程,是双方在分享资源的同时共享对方资源的过程。

高校校与企业的资源互补主要体现在两个方面:一是企业生产资源的共享。如企业高层管理人员、技术专家、具有丰富检验的工作者作为企业方人员参与学校专业设置、人才培养方案制定、课程开发等人才培养活动;利用企业生产场地、实验设备作为高校人才培养实习实训场所;企业的技术研发成果作为高校的教学内容等等。二是高校教育资源的共享。如高校师资为企业提供专业理论指导;学校的教师、教室、实验室等教学资源便利企业员工培训;学校的图书馆、科研成果作为企业的信息资源等。

校企合作就是实现资源共享,资源共享是校企合作的条件,也是校企合作的目标。

3. 文化共融

企业文化是企业在生产经营和管理活动中所创造出来的具有该企业特色的精神财富和物质形态,反过来又对企业的生产经营和管理活动产生影响。它包括企业愿景、文化观念、价值观念、企业精神、道德规范、行为准则、历史传统、企业制度、文化环境、企业产品等等。其中,企业在从事经营活动中所秉持的价值观念是企业文化的核心。企业文化是企业生产经营活动的灵魂,对企业具有无形的约束和影响。

笔者以为,我们可以从两个角度来理解高校文化:一是学校在长期的办学过程中积累下来的,与学校的办学特色密切相关的精神特质和文化气氛;二是以大学生为主体，以育人为宗旨的文化环境。二者的共性在于，都对大学生的成长具有非常重要的影响。

理论上来说，以生产文化和商业文化为特质的企业文化与以教育文化为特质的高校文化是分属于两个完全不同场域的文化，但当我们把二者放到社会这个大系统中，从二者在人才价值的延展性方面来讨论的时候，我们又可以发掘到二者之间存在着一定的共性与可能结合的点，企业所获得优质的人力资源来源于高校教育文化的熏陶，高校教育文化熏陶出来的学生又必须走向企业，必须融合到企业文化中去才真正实现了人才培养目标。这种人才价值的延展性使得校企文化的互动与共融成为可能，也成为校企合作要实现的目标之一。

校企文化共融就是指高校文化与企业文化相互包容、相互融合，实现有效整合，在校企共同体层面达成一种文化理念和文化行动上的共识。高校文化要吸纳企业文化中重实践、重生产、重服务、重收益的文化因素，企业文化重融合，高校文化中重理论、重价值、重精神的文化因子，二者融合成为一种新型的校企合作文化。这种新的校企合作文化一旦得到共同体全体成员的认同，就能产生积极的协同效应，能增强校企双方的凝聚力和可持续发展力，既是校企合作的文化层面的共同愿景，也会成为校企共同体发展的基础。

第二章　不断优化：空乘人才培养的校企合作

空乘人才培养是为航空公司专门培养和输送高素质、高技能的空中服务及管理人员的行为。国内外空乘人才的培养都是随着民航业的迅速发展而经历了一个发生、发展的过程。在这个过程中，高校为航空公司输入了大量的优秀的空乘人员，反过来也推动了高校空乘办学的良性发展。高校空乘人才培养取得了一定的成绩，但同时也还存在一定的问题。一部分高校采取了与航空公司合作培养空乘人才的模式，也积累了合作培养的一些经验，这些经验也将成为本文探讨航空公司与高校联合培养空乘人才的宝贵财富。

（一）国内外空中乘务办学情况

梳理国内外空中乘务办学情况有助于我们厘清空乘人才培养的历史发展脉络，有助于我们寻求优化空乘人才培养的科学路径。

1. 英国空中乘务办学情况

位于英格兰南部汉普郡的 South Downs College 学院是英国开设空乘专业的高校中具有代表性的一所院校，简称 SDC 院校。

该学院的空乘教育被划分在"旅游业与空乘人员"这一专业分支中，是属于继续教育的职业路线教育。空乘教育的课程学习内容主要以实操为主，利用了一架波音 747 的客舱对学生进行授课。课程主要围绕两大项进行设置：第一项是空乘人员岗位能力的基本训练。学习课程包括，航空业务入门（Introduction to Airline/Aviation Operations），乘务人员职前预先准备（Preparations for Employment as Air Cabin Crew),客舱职责(Crew Room Duties),乘务人员在起飞后的角色位置及任务担当(Role of Air Cabin Crew),空乘服务过程的健康、安全(Airline Health, Safety and Security)、应急程序操作及处理(Airline Emergency Procedures)等。第二项课程的重点放在学习航空服务英语和相关数学知识。[22]

该学院对空乘学生的考核极为全面与综合,从日常观察(Observation)、课业证据(Evidence)、案例学习(Case Study)、实际操作(Role Play)、期末笔试(Examinations)、全真演练、逃生滑梯部署等方面,对学生进行全面评估和考核。其中测试内容一定要经英国民用航空管理局批准才能进行。通过考核后可颁发城市工会第二等级学位证书(Diploma)(空乘人员培训)及城市工会第二等级结业证书(Certificate)(旅游行业)。

2. 美国空中乘务办学情况

空中乘务专业在美国属于职业培训,在利博帝大学(Liberty University)设有航空学院,开设有飞机驾驶、飞机维修、空中安全调度和国际空中乘务等专业。其他专业都是4年,只有"国际空中乘务"专业是两年,且修满规定学分将获得美国利博帝大学副学士学位和美国空乘从业资格证书。[23]

美国的空中乘务员获得证书的过程比较严格,必须在紧急疏散程序方面接受系统深入的训练,而且要通过美国联邦航空局(FAA)的核准,要求非常严格。并且,获得证书的乘务员必须每年接受考核并重新认证才能继续保持身份。

3. 韩国空中乘务办学情况

韩国的光州女子大学开设了学制4年的本科层次的空中乘务专业,设置的课程主要包括:观光经营论,市场营销论,机内服务论,机内服务及实习,机内餐饮论,国内航空现场实习(韩亚航空)、航空英语、航空汉语、航空日语等。在实习实训方面,该专业主要和韩国韩亚航空合作,学生进行顶岗实习。

在韩国开设空中乘务专业的还有韩瑞大学,韩瑞大学为航空学院配备了大规模的实训基地及顶尖设备,于2003年安眠岛泰安郡建立了航空综合教育基地泰安飞机场,是韩国首例拥有13万坪规模的综合航空教育设施实训基地。同时,韩国作为一个中等发达国家,面对民用航空运输业的发展,大韩航空公司和韩亚航空公司等韩国航空公司,采取了面对全社会招聘空中乘务人员的方式引进新鲜血液,并要求应聘人员有大学学历,最好有其他行业的从业经历。各大航空公司会对新晋员工进行为期数个月不等的岗前培训。[24]

4. 印度空中乘务办学情况

印度开办空中乘务专业的学校有19所,都为学历教育,以位于印度西南海岸果阿邦(Goa)的成功航空学校(Achiever Aviation)为例,该校的空中乘务专业一年制学历教育有以下课程:英语、外语、计算机、游泳、化妆、礼仪、性格养成、顾客服务、航空知识、地勤服务、紧急救助、旅游与观光、销售技巧、旅游业概况、旅游与航空。但这些仅有的学历教育机构已经不能满足蓬勃发展的印度民用航空运输业人才需求,所以,除了学校培训之外,印度空乘人员的培训还依靠专业的培训机构来弥补不足。[25]

5. 我国空中乘务办学情况

近十几年来,民用航空业在我国得到了巨大的发展。在航空业发展的同时,对于从业人员的需求不断扩大,对从业人员的要求也在逐渐提高。在这样的趋势下,空乘人才培养在我国得到了迅速发展。

首先,开设空乘人才培养的学校覆盖面比较大。其中,以航空类的学校居多,如南昌航空大学、沈阳航空航天、中国民用航空技术飞行学院、北京物资学校民航学院、郑州航空管理学院、北京民航干部管理学院、广州民航职业技术学院等等。也有一些综合性学校,如西北工业大学。有旅游专业优势的综合性高校和旅游类院校,如山东旅游职业学院、南京旅游职业学院、湖南女子学院等等。还有一些民办大学、高等院校的二级学院和继续教育学院也开设了空乘人才培养,如北京东方大学、北京理工大学珠海学院、北京翻译学院、南昌航空大学科技学院等等。

其次,在办学学历层次上,空乘人才培养已经具有跨本科、中专和大专三个层次。1999年,中国民航大学成为教育部和民航局最早批准招收空乘人才的院校,随后,中国民航飞行学院、沈阳航空航天大学等院校开设专科层次的空乘人才培养;2003年,南昌航空大学开启了全国首个本科层次的空乘人才培养,后来郑州航空工业管理学院、南京航空航天大学、内蒙古师范大学等高校相继开始招收本科层次的空乘学生。至此开始,我国空乘人才培养已经形成了中专、大专、本科三种学历教育层次。但由于国家一直未能给空乘本科层次的人才培养予以明确的学科归属定位,所以,不同的高校把空乘人才的培养放在不同的学科上,有的学校放在旅游专业下,有的学校放在表演专业下,有的学校放在音乐专业下,有的学校放在艺术与设计专业下等等。因为学科归置的不同,各学校空乘人才的培养也存在一定的差异,但基本上的切入点是一样的。

再次,人才培养标准基本趋于统一。民航运输业的发展带来了市场上对空乘人才的需求,航空公司除了吸纳学校培养的空乘学生之外,还向社会公开招聘乘务员。于是国内各层次的学校开始抓住机遇,依照航空公司有关空中乘务人员的职业标准,对空乘人员的工作性质、工作内容和工作特点进行针对性研究,并结合航空公司社会招聘的空乘人才的条件,进行相应的专业设置,制定符合航空公司需求的空乘人才培养方案,培养专业化、职业化的空乘人才,基本上形成了"理论＋实操"的培养模式,重视对学生理论知识的掌握、实际操作能力、形体礼仪和英语等基本素质的培养。但不同层次的培养目标和培养方式还是存在一定的差别。中专层次空乘人才培养规格为"专业程度中等型人才",大专层次的空乘人才培养规格为"技能较高型人才",本科层次空乘人才培养规格为"素质较高的应用型人才"。中专层次空乘人才培养重心为"对于某个岗位专业进行技能培育",大专层次的空乘人才培养规格为"航空的乘务群体综合职能培育",本科层次空乘人才培养规格为"航空的乘客服务和组织监管技能的培养"等。[26]

(二)我国空乘人才培养研究情况

目前国内有关空乘专业人才培养方面的研究内容主要集中在以下几个方面。

1.关于空乘人才培养模式及存在的问题和对策研究

常静提出了"3－3－4"人才培养模式。她从民航人才需求与学校教学实际出发,提出"以通识教育、专业教育和行业导向下的专业实践为特征,实行3个培养阶段和3个发展阶段,坚持语言学习、传统文化学习、身体形象训练、艺术特长发展4年不断线,探索行业高素质骨干人才培养的创新模式"。[27]

王杭分析了导致高校空乘专业发展瓶颈的问题包括硬件设施欠缺、师资力量薄弱等,以香港国泰航空公司的乘务员培养思路为借鉴,提出高校空乘专业人才培养应重视对人才"服务意识"培养的建议。[28]

楚喆从空乘人才培养学科建设的时间、空乘人才的职业技能培养、心理素质考察制度三个层面进行空乘人才培养问题的剖析,针对存在的问题提出对高校空乘人才培养进行改革的建议。[29]

唐珉认为,空中乘务专业升级为本科专业成为航空公司空乘人才的需求和高校空乘人才培养的现实需要,但是,在教育部的专业发展规划与设置中,空中乘务专业本身最高的学历等级就是大学专科,而没有本科学历,更没有研究生学历。这样,本科院校设立空中乘务专业本科层次的学力教育就面临巨大的困难甚至会遭遇阻力。最后,他还提出,空中乘务专业作为一门学科交叉、综合性强的专业,需要包括航空服务学科、管理学科、艺术学科、交通运输学科、旅游学科等多种学科的综合支撑,以培养出具有丰富知识的、专业素养高的、娴熟技能的航空服务人才。[30]

2. 关于空乘专业人才培养模式的案例研究

丁永玲详述了武汉商业服务学院航空服务专业的人才培养目标以及办学思路,并从课程体系建设、"双师"结构的专业教学团队建设、校企合作三方面说明了武汉商业服务学院航空服务专业空乘人才培养所取得的成效。[31]

黄晨梳理了天津交通职业学院空乘人才培养的具体情况,分析了空乘专业人才培养的现状、困境并对产生问题的成因进行深度剖析,借鉴战略管理的"SWOT"分析找出学院空中乘务专业发展的机会、威胁、优势、劣势,并对其进行战略定位。最终提出符合天津交通职业学院特色的"二三四二"空乘专业人才培养模式。[32]

黄赶祥、李鸣镝、虞雪从人才培养目标的细化、课程体系的设置、师资队伍建设、实习实训基地的建设四方面介绍了桂林航天工业学院空乘专业人才培养的实施情况并针对人才培养中体现的问题进行了思考。[33]

张晶璟以天津市两所高校为例,通过查阅文献、问卷调查及访谈分析了高校人才培养模式的实施现状、具体实施措施及实施成效,归纳总结空乘专业人才培养实施过程中存在的问题并提出相应的对策。[34]

3. 高校空乘人才培养课程设置及教学研究

楚喆、王淼等人从高校空乘学生开设的礼仪训练专业课程为切入点,论述了礼仪训练可以从三个方面对高校空乘学生的职业素质产生着重要影响,即可以增强空乘专业学生的身心素质、提升职业能力和以促进个人全面发展等。最终得出结论,开展礼仪训练是高校空乘培养具有专业素质的空乘人员的重要课程之一。[35]唐丽娟通过对空乘专业开设的形体课程中现存问题进行分析,从提高形体训练的科学性及改进教学方法等方面给出相应的建议。[36]南京航空航天大学的陈文君通过结合自身教学实践,从日语二外课程教材的使用、课程设置、教学对象的现状进行分析,进而探讨了从教学内容、教学方法、教学手段、教学组织及评价等方面提高空乘专业二外日语教学成效的方法。[37]多士平从空乘专业学生的学习特点进行探究,找到教学中存在的问题,针对学生纪律松弛、学习动力缺乏、教学缺乏趣味性等问题提出优化空乘专业教学的建议。[38]于蓉针对高校空乘专业客舱实训教学存在的问题进行分析,认为构建完善且独立的客舱实训教学体系才能够明确教师的教学方向和学生的学习方向,并且提出在实训教学中要秉承科学合理的"学"与"用"相结合的客舱实训教学指导思想。[39]

4. 关于空乘人才培养下的校企合作模式研究

付晗针对校企合作出现的问题,从学校与民航企业双方进行分析,建议高校端正自身的办学态度,将培养高质量、高素质的专业空乘人员放在第一位,完善教学体系,提升专业教师素质及实训设施条件。并从企业角度给出合理的建议从而加强与高校之间的合作。[40]

董璐认为空乘专业的高度实践性特点决定了空乘专业人才的培养必然要走校企合作的道路,并分析了民航企业的垄断性及现有校企合作观念两方面的问题导致校企合作困难,并提出"1.5 + N"的校企合作模式,使实训环节的时间、方式更为灵活,从而达到提高空乘专业人才的培养效率和质量的目的。[41]

许赟通过问卷调查法、实地调研法以及访谈法等方式,从行业、企业以及学校三个方面开展深入调研,发现民航人才紧缺,行业对空乘人才需求迫切;校企合作企业的基础实力较强,但其参与校企协同育人的程度不一,自身也缺乏安全感;调研的58所具有代表性的开设空乘专业的院校基础实力较强,但在专业自身发展、优质合作企业选取、师资队伍建设、优质教学资源建设、校企融合程度及合作成效显著度等方面还有待加强。基于调研结果及其分析,从发挥政府引导及协调作用、体现学校育人中枢作用、搭建企业育人主力平台三方面提出了提升校企协同空乘人才培养成效的有效路径。[42]

(三)现实呈现:我国空乘人才培养现状

空乘人才培养的特点决定了其培养要素可以从招生制度、人才培养方案、课程体系建设、师资队伍建设、管理与评价考核等五个方面进行探析,目前高校空乘人才的培养也基本上是从这几个方面进行的。

1. 空乘学生的招生制度

空乘人员是服务于航空旅客的服务人员,因其行业的职业需求而对学生的外在气质形象、身高等条件以及具备服务意识的整体素质有着较高的要求,所以,相比于其他专业,空乘学生的招生制度具备一定的特殊性。

绝大多数高校空乘学生的招生制度都是在国家统一规定的基础上,增加了学校自己拟定的一些特殊招收条件,并有面试环节。如天津某高校空乘学生的招收条件就制定了一些具体的要求:在报考的基础性条件上,学生年龄不超过21周岁,女生的身高范围为162c—174cm,男生身高范围为172cm—184cm;学生要身体匀称、五官端正、听力正常、中英文口语表达发音标准。面试环节的考试内容包括自我介绍、才艺展示、考官提问等环节。[43]那些与航空企业共同招生的高校,会根据职业特色和岗位要求制定合理的与职业特色对接的招生制度。如"高校空乘专业与行业企业共同招生,根据职业特色和岗位要求制定合理的与职业特色对接的招生制度,从而优化专业生源的整体素质,初步达到航空公司对人才的基本身体素质及形象要求。制定符合行业标准的招生制度是空乘专业面向各个航空公司或机场等企业培养高素质的服务人才的基本条件。招生分为面试和笔试两部分,面试内容包括自我介绍、中英文朗诵、形体测试、才艺展示等。报考根据职业对年龄的要求,专业招生限制报考学生不超过21—22周岁,最终通过面试并且体检合格的学生择优录取。"[44]

1. 空乘人才培养模式

人才培养模式是人才培养的灵魂。从目前来看,绝大多数的高校都是采取"3+1"的模式,前三年在学校接受学校安排的通识教育和专业,第四年去自己联系或者由学校安排或者已经被航空企业面试成功的地方进行实习。

当然,也有不少学校根据自己学校的情况制定了特殊的培养模式,比如天津某高校的空乘人才培养模式就是"2+1+1"。"针对面向职业的专业人才培养特征,实施个性化的人才培养模式,该校采用'2+1+1'的培养模式,即'专业学习+过渡期/分流期+专业实习'。第一年及第二年学生在学校进行系统的空乘专业知识学习,学生通过公共基础课程的学习,积累自身的通用知识,提高自身的综合素质。学生通过专业必修课程的学习,掌握民航服务的基本原理,积累专业理论知识,同时提升自身熟练的专业技能及基本的职业素养。到了第三年,学生在继续学习的过程中,企业帮助学生提供应聘的机会,与此同时,学校准许学生自主应聘自己心仪的航空公司,为优秀的学生提供广阔的发展空间,其他暂无工作计划的学生继续在校内完成学业。第四年,学校要求全体学生去往企业提供的校外实习基地进行专业实习"。[45]如下图。

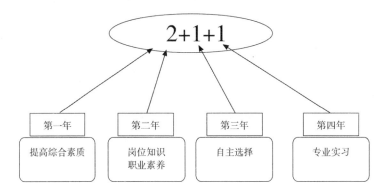

有些高校还采取了订单班的培养模式。比如南昌航空大学"2008 年开设'深航班',与深圳航空公司联合培养空乘人才。2015 年,我校与海航签订了空中乘务定向班的合作协议,从 2013 级到 2015 级每届选拔优秀学生 25 人左右进入海航定向班。近 3 年来,我院每年向海航输送毕业生 30 名左右,且得到了海航的一致好评。2016 年被海南航空评为杰出贡献院校。2016 年与南方航空签订我校与南方航空合作举办空中乘务定向班。此外,还与厦门航空达成合作意向。"[46]

有的高校结合自己学校所处的地缘优势和特点确定自己的空乘人才培养模式。比如桂林航天工业学院,立足于服务广西区域经济的发展和桂林国际旅游胜地的建设,在中国—东盟自由贸易区建设的地缘优势基础上,确定更好地服务发展广西面向东盟的国际航空运输市场的人才培养理念,利用广西与东盟高校开展国际教育交流便利的机遇即自身应用型本科院校的专业优势,在已有的专科空乘人才培养的基础上,于 2015 年又在商务英语方向下开设了本科层次的空中乘务专业人才培养。与专科层次的不同,本科层次的空乘人才培养通过与泰国宣素那他皇家大学、川登喜皇家大学等国(境)外优秀高校合作开展学生交换项目,致力于培养具有"双技能 + 双语言 + 国际化"的本科层次的国际乘务人才。其中,"双技能"是指专业核心技能及基础技能;"双语言"是指具备扎实的外语能力,英语 + 东盟小语种;"国际化"是指具备跨文化沟通能力和国际视野。这种模式培养的学生不仅要求掌握空乘专业的基础知识和核心技能,还需注重语言素质和文化修养的提高,强化英语学习的同时,还需选择学习泰语、越语等东南亚小语种作为第二外语。此外,学生在四年制的本科学习中,还需赴泰国或其他国(境)外合作学校的航空服务类专业学习或实习实训一年,其目的在于拓展学生的国际化视野和跨文化的交流能力,从而培养具有国际视野和国际交流能力的外向型、应用技能型、高层次服务型的国际空中乘务人才。[47]

3.课程体系建设

课程的设置是实现人才培养目标和人才培养模式的核心。高校在进行空乘人才培养的课程设置时,充分考虑到我国民航业的发展和行业的需求,基本上是都由专业负责人和专业教师深入航空企业进行调研,在充分了解航空企业对人才职业知识与能力需求的基础上,成立课程研发小组,邀请民用航空行业的专家、职业教育课程专家、教学经验丰富的教师共同参与课程体系方案的设计。行业专家主要负责空乘服务人才职业能力分析;职业教育课程专家主要参与和指导高校课程开发的实践经验,把握空乘专业课程体系设计的具体内容、进度和方向;教学经验丰富的教师可以根据学生课程学习的有效性,对课程结构调整给予一定的建议。多元的课程体系设计主体的参与,能够充分发挥各自的优势,使专业课程体系的制定与建设更加科学、更有效。

天津某高校空乘人才培养所制定的课程体系以"四模块、四阶段"的校企双线交融为特色。该校空乘专业标准学制为四年:三年在校课程与一年企业实习课程。学校课程引入行业技术标准和企业职业岗位标准,结合相关国家职业资格标准,以培养学生职业精神和综合素养与职业技能为重点。学校课程主要包括"四模块"教学,即公共基础课程、学科平台课程、专业课程和素质拓展课程。多样的课程模块及课程结构,为学生提供了基础知识拓展空间,为提升学生的综合素质奠定重要的基础。企业课程共分为"四阶段",呈现阶梯式,第一阶段是职业认知与职业素养课程,第二阶段是职业基础知识课程,第三阶段是职业技能课程,第四阶通过企业实习实现学生职业综合能力养成。"专业主干课程包括民航服务英语、简明中国民航发展史、民用航空服务、化妆基础、形体训练与塑造、职业认知、民用航空地面服务与管理、民航服务心理学、民用航空客舱设备教程、民用航空航线 CIQ 基础教程、民用航空安全与管理。主要实践环节课程包括:民用航空服务礼仪、民用航空服务与操作实做、民用航空客舱设备教程训练、民航服务技能及设备考察、职业技能训练、毕业实习。"[48] 如下图。

学校课程	企业课程
第一模块:公共基础知识课程	**第一阶梯:职业认知与职业素养课程**
大学英语计算机基础 心理健康 体育 形势与政策教育 中国近现代史纲要 马克思主义基本原理 思想道德修养与法律基础	简明中国民航发展史 民用航空服务礼仪 民用航空服务礼仪实践 形体训练与塑造
第二模块:学科平台课程	**第二阶梯:职业基础知识课程**
化妆基础 艺术基础原理认知 旅游文化地理、日语基础 声音设计与赏析	民航服务心理学 民用航空安全与管理 民用航空地面服务与管理 医疗常识与急救基础 职业认知
第三模块:专业必修课程	**第三阶梯:职业技能课程**
摄影基础、舞蹈基础 播音主持与广播基础 书法与传统文化赏析 服装与配饰搭配技巧 DV创作与赏析	民用航空客舱CIQ基础教程 民用航空服务与操作实做. 民用航空客舱设备操作训练 民航服务英语
第四模块:素质拓展课程	**第四阶梯:职业综合能力养成.**
大学生职业生涯规划. 大学生就业与创新创业指导 茶艺、红酒与咖啡艺术 韩语基础首饰设计与赏析	毕业设计 企业实习
学校课程+企业课程	

4.师资队伍建设

高校空乘人才培养的师资队伍基本上都是由专兼职组成的。专职教师有可能不是空乘专业毕业的,但一定要经过民航企业实际培训后才能入职担任专任教师。兼职教师一般是由航空企业具有非常强的实践经验的人员组成。

天津某高校就是与企业进行合作,共同建设了一支专兼职结合的空乘专业教学团队。教师队伍包括从民航企业实际培训后入职的年轻教师,从南方航空公司聘请的有航空服务飞行经验的专任教师。专任教师 7 名,其中硕士学位 4 名,专业带头人 1 名。此外,学院聘请来自企业的校外兼职教师 9 名。为了保证科学教学和人才培养的高质量,学院根据专兼职教师自身专业优势对教师进行课程安排。有丰富民航服务飞行经验的教师担任专业技能课程的教授,指导学生专业技能的实操训练。有留学背景并经过民航企业培训的教师负责课程服务英语口语的授课。来自企业的掌握航空企业前沿信息的兼职教师负责专业知识课程并对该校空乘专业提供专业建设的指导交流工作。对于新任教师,努力形成"老带新"、定期培训、企业锻炼。鼓励教师参与项目研究等培养机制,成为提高教师专业技能水平,参与职业院校教学技能大赛,学习最前沿的专业技能和最新专业思想,形成岗位技能操作的训练理论,转化大赛成果,改进优化空乘专业技能培训的教学过程。[49]

天津另一高校也是采取校企合作的模式优化师资队伍。该校空乘教学的师资团队由企业教师、院校教师共同组成。为确保空乘教师团队具有行业标准职业能力、较高职业素养、空中服务经验丰富以及教学方法使用娴熟且得当,空乘教学教师团队由企业教师和高校教师组成。企业教师队伍由 2/3 的企业专职培训师和 1/3 拥有丰富的空中服务经历的专业教师组成。企业专职培训师负责引导学生建立对空服职业的专业认知以及专业理论课程的讲授,包括中国民航发展史、民航航空安全与管理、医疗常识与急救基础,民航航空服务等课程,帮助学生建立起空乘服务与管理相关的基础知识体系架构。具备较高空中服务工作资历的企业教师负责培养学生的职业素养,帮助学生掌握职业技能,负责学生的民航服务礼仪的训练、教授民用航空课程设备操作及客舱服务等实操性岗位技能课程。此外,院校教师主要负责公共基础课程及学科平台课程的讲授,负责全面提升空乘专业学生的思想素质、人文素养,全面提升学生的综合素质。[50]

5. 空乘人才培养管理与评价考核

学生管理与评价是实现人才培养的关键环节。除了遵循高校一般专业学生的管理方式之外,空乘学生的培养管理会有一些特殊性,特别是那些实行了校企合作的学校,更会结合企业的需要额外制定一些特殊的管理和考核评定方式。

天津某高校为培养空乘专业学生的职业素养,实行了对学生实施精细化管理的模式。精细化管理是一种科学的管理方法,其主要特点在于通过标准化、量化、细化、协同化和系统化等方法或途径实现学生的管理。具体在于,实行刚性化的制度,对空乘学生的学习、生活、行为进行规范管理,促进空乘学生综合素养的实效提升。在遵循高等职业教育规律的基础上,结合航空公司对乘务员及安全员的管理考核方案,制定独具特色的空乘人才培养《学生管理细则》。《学生管理细则》中详细制定了该专业对学生的准军事化管理细则,主要对学生日常生活及学习纪律、宿舍内务、仪容仪表、队列质量等方面进行细化管理。制定学生奖励及违规处理实施办法等相关管理文件,并运用学生量化积分统计表及时对学生的日常学习和生活表现进行量化考核。考核分数将跟随学生的个人成长档案,成为企业在学生毕业时优先推荐就业的依据。在对学生长期的仪容仪表、礼仪管理中塑造空乘专业学生的良好职业形象;在严格的内务卫生督查中规范学生的行为和纪律意识的养成,在学生日常列队训练中培养学生团结协作的精神。[51]

该校对空乘学生实行双主体的考核评价方式,即校企双方共同对学生进行评价考核。学院从三个角度对空乘专业学生进行考核评价,第一个角度是每门科目的期末成绩,第二的角度是学生平时的细化管理量化考核成绩,第三个角度是企业在学期末的时候对学生进行综合能力及素养的考核评价成绩。

由于是校企合作,企业委派住校主任长驻合作院校参与到学生管理的工作中。注重督促学生日常学习中专业技能与专业素质的提高与养成,并在学期末对学生进行综合能力及素养的考核评价,以达到公司对学生的能力要求。与此同时,学校的辅导员也进行配合,负责建立起记录学生的基本信息的学生个人档案,并对学生进行有针对性的跟踪,跟踪记录学生在校的各方面表现,并将学生日常表现及时进行量化考核,并与企业住校主任进行学生管理工作的对接。采用过程性评价和结果性评价相结合的课程评价方式,既体现了对学生的整体全面发展的重视,也体现了对学生成长全过程的关注。[52]但由于很多现实的客观原因,过程性评价和结果性评价相结合的课程评价方式在绝大多数的空乘人才培养中很难完全实现,需要我们对此评价方式的实现条件和实现方式进行更深入的研究和探讨。

（四）亟待提升：空乘人才培养存在的问题

伴随着我国民航业的高速发展，高等教育在空乘人才培养的数量和质量都得到了很大的提升，但期间也还存在一些亟待完善的地方。

1. 培养目标定位亟待进一步精准

在高校的人才培养体系中，科学的人才培养目标的确定显得非常重要，它是决定人才培养的质量和规格的关键。只有明确培养目标才能够使高校空乘专业有一个良性的发展，但目前我国本科层次的空乘人才培养目标定位存在亟待进一步精准化的问题。

虽然都是空乘人才培养，但由于我国教育部没有对本科层次的空乘进行明确的学科归属，导致了各个高校在设置空乘招生和培养的时候，都是依据自己学校的学科优势，根据最相关的学科进行归属。如果这样的话，就势必因为依托不同学科基础建立而导致空乘人才培养目标必然要与相应的学科基础相关，这样，学科设置归属不确定在现实中导致了人才培养目标定位亟待进一步明确。例如，天津市某高校就将空乘人才培养设置于该校艺术学院下，专业名称为艺术与科技，为了能与"艺术与科技"专业更为贴近，该校空乘人才培养目标偏于艺术方面，该校将空乘人才培养目标定为"培养具有良好的思想素质、人文社会科学素养和职业道德，具有较强的实践能力和创新精神，掌握艺术与民航服务理论知识和能力。能够在航空领域（行业）从事服务、管理等方面的工作，也能从事与之相关工作的高端应用型人才"。[53]

比如南昌航空大学空乘的招生挂靠在表演专业，其人才培养目标就结合学校的办学特色，并与表演专业的人才培养相对接，把空乘人才的培养目标确定为：依托学校航空背景，培养适应社会发展需求，德、智、体、美、劳全面发展，或者是进入各大航空公司从事空乘服务与管理，或者是进入各级文艺团体、广播影视部门及其他企事业单位从事影视与舞台表演、公关与文秘等相关工作的应用型高级专门人才。[54]

从如上两个学校空乘人才培养目标的定位来看，都存在一个共性问题，即所培养的空乘学生必须兼具两个学科领域，艺术与空乘服务、表演与空乘服务，这几乎是我国所有空乘人才培养目标上存在的共性问题——本科类空乘人才培养在专业归属上的不确定导致人才培养目标的范围有专业跨度，空乘人才培养目标亟待进一步精准。

2.课程设置与学生专业能力需求有一定差距

课程设置是围绕培养目标来进行的,当培养目标出现不精准的情况,课程设置也容易出现偏差。

第一,出现了专业课程实用性不强的偏差。部分专业课程实用性不强。本科层次的空乘专业现阶段的课程设置过于偏重艺术性质,实用性不强。目前高校本科层次空乘专业依托于艺术类专业而生存,专业方向大多数所归属学科门类为艺术类专业,一部分开设的课程并不能够突显空乘专业的专业特色,课程内容不能够有效增进学生专业知识学习和专业能力的掌握。同时,导致浪费了部分学时,造成知识的系统性缺失。访谈中某学生说:"我觉得我们目前一些课程对专业方向的学习并没有太大用处,比如DV创作与赏析的这门课,课程内容是鉴赏经典的影视作品并且让写观后影评,我觉得这门课的学习内容与专业没有多大关系,对专业知识的学习和空乘服务核心技能的掌握也没有帮助,实际意义不大。"小李说:"专业开设了书法、摄影、声音设计与赏析等课程,虽然觉得挺有意思。但是这些课上老师所教的知识内容对以后工作来说根本用不上,比如声音设计与赏析课要求我们对名作进行欣赏与赏析,感觉有些过于偏重艺术了,我觉得艺术类课程可以放在选修课中,还是多加一些与专业相关的课程,对专业性的知识的学习比较有帮助。"[55]

第二,实操课程比例偏少。空乘人才培养是一种偏重于实践性人才的培养,因此,课程设置应该依据职业导向具有较高的职业能力要求,重视人才实践能力的培养,课程在设置应安排大量与提升职业实践能力紧密相关的实操课程,这些实操训练理论上应该贯穿学生整个大学学习生涯。实操课程的内容要求针对学生熟悉工作流程,包括机前准备、客舱设备的使用、餐食服务等。这些需要学生在实操课上进行大量的训练,才能够练就出灵活的职业能力。但是高校空乘专业实训课程占比较少,据调查发现,天津市某大学空乘专业的职业技能实操课程比例仅为19.7%。由此可见,理论课程多过实操课程。访谈中,小许说:"平时实操的课程有点儿少,真正实训的内容也很少,只是进行了简单的备餐练习,并且客舱服务技能训练中需要的逃生滑梯等实训设备也不全面,练习起来也很困难。"[56]

其三,"课""证"联系紧密程度还需加强。一般来说,虽然不同航空公司对学生的资格证有不同的要求,但基本相同的有安全员初始训练证书、乘务中级证书、公共英语三级证书、计算机证书、普通话证书等等。但目前部分高校在空乘人才培养过程中存在"课程"与"证书"紧密程度还需加强的现象。虽然高校空乘学生学习了民航概论、英语、计算机等大量的基础科目,但是课程科目的设置并不能完全覆盖空乘学生需要考取的资格证书的项目,课程内容的学习不能给学生提供考取资格证书的有效帮助。在现实中,对空乘毕业学生来说,除了获得毕业证书学位证书之外,日常英语口语表达能力、计算机基本操作能力、标准流利的普通话以及紧急救护能力等是从事空中乘务工作最基本的职业能力要求,也是高校空乘学生就业的敲门砖。"然而据调查发现,21%学生认为现行课程对自身获得职业资格证书的帮助不大。空乘专业课程的实施,除了实操课程以外,大部分还是以理论教学为主,与学生证书考试及技能性、实践性为主的考核内容相脱离。"[57]

第四,缺少高质量的教材。尽管目前市场上已经出版了不少空乘人才培养各课程的教材,但教材的内容体系、内容结构都比较雷同,还缺少高质量的、特别缺少根据自己学校特色及航空公司特色编制的教材。

3. 教学形式还有待进一步丰富

教师的教学形式和教学方法是保证人才培养质量的关键,在部分高校空乘人才培养过程中,存在教学形式单一,还需进一步丰富的问题。

张晶璟在调研天津某高校空乘教学的授课方式后发现,大部分空乘专业理论课程的教学还停留在传统教学形式的使用上,形式比较单一,创新性程度和效果都还有很大的空间。比如,在问卷调查中,有54%的空乘学生认为空乘专业理论课程的授课方式主要以教师的课堂讲授为主。由此可见,在专业特色很强的空乘人才培养中,传统的授课方式依然占据着主导地位,以传统的课堂讲授型为主的教学方式还不能完全深入地体现和实现建构主义学习的教育理念——难以激发学生主动建构知识和互动参与,难以给学生创造出对信息进行主动选择并加工的教学环境,难以从根本上调动学生的学习积极性。导致这一问题产生的主要原因在于,专业理论课程由高校校内专职教师授课,大多专职教师通常具备较高学历并且在理论知识和科研能力方面更胜一筹,但是专职教师对空中乘务的服务与管理工作的具体流程和规范标准只是停留于理论层面的认知,讲授的相关知识更多的是涉及独立的科目,所以更多的采用课堂讲授的教学方式。以课堂讲授为主的教学方式会存在一定的瑕疵:学生在课堂上所学的理论知识不能很快地与专业技能进行有效衔接,也使得一部分学生在专业理论课程中的参与度不高。据统计,"38%学生选择一般参与,28%的学生较少参与,13%的学生很少参与。专业理论课上,老师都以讲授为主,有时候讲的内容太枯燥,我们学生的参与较少,学习效率不高。课上我们都愿意听老师讲一些实际的案例结合专业知识去学习,这样就不会太枯燥,也比较容易理解和消化老师所讲的专业知识"[58]。教师教学形式的单一不仅表现在专业理论课教学上,甚至还出现在空乘学生学习的专业实训课程中。

专业实训课程通常由来自企业的兼职教师授课,虽然企业教师有着丰富的飞行经验,但是目前高校空乘专业实操设备并不齐全,并且专业对于实践教学管理缺乏应有的力度,实操教学投入较少,专业实操课程中,许多本应该多种形式进行实操练习的专业科目只能以课堂讲授为主,学生不能直接参与操作练习。访谈中学生说:"我们学校模拟舱等专业实操设备不足,实操课上本来应该以实操为主的学习内容,不能够进行实操学习,就只能以老师讲授为主进行学习。在理解上具有一定的难度"[59]。教学形式的单一导致教学效能不高,是导致当前高校空乘专业人才技能培养不佳的原因之一。

4. 教学实践场地还有待完善

民航空中乘务人才对职业技能的实践性要求很强,因此在空乘人才培养方案中实践教学的比例比其他专业的人才培养要高,这就对实践教学场地的数量和质量都提出了更高的要求。但目前国内绝大多数高校基于资金缺乏等原因,在空乘人才培养的教学实践场地建设上还存在急需补充的状态。以桂林航天工业学院为例来看,其空乘实践教学场地已经建设有航空模拟舱、形体训练实训室、职业形象设计实训室、民航旅客运输实训室、茶艺室等实训设施和场所等等,但对于培养空乘学生核心专业技能的场地还很缺乏,比如,缺乏空乘人员语音广播实训室、全自动陆地撤离舱、应急撤离实训室以及航空急救室等专业化的实训设备和场所,缺乏与空乘专业就业密切联系的对口校外实习实训基地,如航空公司校外实习实训基地等。[60]

5. 师资队伍建设还有待优化

随着我国民航事业的发展,在高等教育中对空乘人才培养的重视和师资建设的投入越来越多,师资队伍质量得到了一定的提高,但是根据目前高校空乘人才培养的现状来看,与高校教师队伍整体化水平相比较,空乘教师队伍仍存在较大的差距。

一方面,师资队伍结构还有待优化。从学历结构来看,目前与空乘相对应相符合的硕士点还没有,缺少研究生学历教育。因此,高校聘请专业对口的教师学历层次总体偏低,专业对口的空乘专业教师甚至出现本科生教本科生的现象。从年龄结构来看,青年教师比例明显较大,经验丰富的老教师明显偏少。从职称结构来看,教师的初级职称与中级职称多,高级职称较少,高校空乘专业缺乏专业带头人。此外,高校面对空乘专业的对口教师资源十分匮乏的困境,甚至出现一个教师负责多门课程的现象。

此外,随着高校对教师学历的重视,聘请的高学历教师通常来自其他相关专业,没有航空服务的实践经验,不具备教授实操课程的能力。而来自企业的专业实操教师虽然有丰富的空乘服务与管理实践经验,对空乘岗位工作流程、工作标准和工作程序都非常熟悉,具有较强岗位能力和素养,但是由于自身学历层次不高,也没有系统的学习过教育学,缺乏教学经验,导致教学方式不科学,表达能力欠佳。因此,目前高校空乘人才培养的师资队伍力量较为薄弱,师资队伍建设情况并不理想,特别是如何建设一支具备"双师型"素质的空乘教师队伍,更是值得高校和企业共同研讨。[61]

另一方面,兼职教师教学水平不高。目前,兼职教师的教学水平是制约高校与航空公司空乘人才培养质量的一大关键因素。在张晶璟发放的问卷调查中,学生表示兼职教师的教学方式不当,实训实践课程主要由专业对口的教师或者是具有民航客舱服务实践经历的兼职教师负责。但是通常空乘专业的最高学历受限于本科层次,兼职教师的学历普遍偏低,知识储备有限,对空乘专业知识的理解深度不够,虽然掌握了空中乘务的岗位能力,熟悉工作流程,专业实践性较强,但专业理论知识薄弱,知道怎样做却不知为什么。因此,对工作案例的分析能力受限。其二,部分兼职教师并没有进行高校教师资格认定,由于没有接受过系统的教育类课程的学习,又缺乏高等教育的教学经验,对课程中的重点、难点知识的把控能力不太理想,因此导致的结果是,教学设计能力较低,通常只能将在航空公司受训时的课程内容带到高校课堂中。[62]其三,兼职教师在校任教时间不连续,对在校生的具体情况不够深入了解,既缺少对学生进行完整系统的课堂教学又难以根据学生存在的具体问题以及针对对学生的个体差异进行针对性教学。其四,缺少对兼职教师的教学考核评估的环节。一般来说,学校教师考核评价机制主要是针对在校专职教师进行的,对聘请的校外兼职教师,没有相应考核制度对其教学活动进行规范和考评,这就容易导致兼职教师的教学容易停留于教学课时的完成,而不会花时间花精力去研究课程的教学内容,研究课堂的教学方式方法,更不会对其整个教学进行创新性的探究。

6.管理与评价体系还有待完善

存在监督不到位的情况。空乘学生准军事化的管理制定了学生细化管理手册，但由于监督不到位，学生没有真正遵守的情况还是存在。在张晶璟的问卷调查中显示，37%的学生表示一般遵守，21%的学生表示未遵守管理规定。可见高校对学生的军事化管理监督不到位。精细化管理的内容包括对学生空乘职业形象塑造、礼仪规范、学习纪律、内务整理等，涉及学生的生活学习及个人自身管理诸多方面，管理起来较为复杂，因此实施起来较困难，再加上缺乏完善的管理制度，监管力度不大导致高校空乘专业对学生的细化管理流于形式。表现在学生上课懒散，迟到现象严重，没有形成军事化的风貌，即使在"制服日"学生也并没有达到能够统一着装，规定地点集合并列队上课的纪律标准。[63]

课程评价机制还有待进一步规范。考核评价考试是检测学生学习情况，评价教师授课水平必不可少的手段。高校空乘专业普遍缺乏规范的课程评价机制，问卷调查中的数据显示，空乘专业有72%的学生选择考核评价方式以总结性评价为主。由此可见，受传统评价考核方式的影响，空乘专业也是以学生期末成绩为主要的考核评价方式，但是以期末成绩为主的评价方式显然不适合空乘专业人才培养的评估。例如英语口语能力学习是在长期的积累中形成的，总结性评价职能对其最后的考试结果做出判断，而未能实现对学生学习过程的学习情况进行及时的评测和反馈，因此既没能实现对学生的科学评价，也不利于教师对自身授课情况授课质量进行评价与把握。此外，学生在实操课中的客舱服务与设备操作等学习，注重在实操过程中职业技能的养成，因此还要考虑到学生在学习中的过程性评价。但是目前的考试形式较少针对学生的专业技能进行考核评价。此外，现有的高校空乘专业教育评价体制中，评价的主体仍然是以学校授课老师的评价为主。评价的标准、内容以及评价方式的确定方面，教师拥有最大的决定权，由此可见评价的主体过于单一。

（五）强化补养：航空公司与高校联合办学

从以上分析来看，目前我国高校空乘人才培养取得了一定的成效——能基本满足我国民航企业的需求，但同时我们也看到，空乘人才培养还存在一定的问题，如人才培养质量如何进一步提升的问题。我们调查发现，国内绝大多数高校实施了校企合作式的空乘人才培养模式，但其有效性没有得到充分呈现，究其原因,在于航空企业与高校进行合作处于较松散的、不稳定的状态,高校和民航企业之间并没有真正形成资源共享、互惠互利的深层次校企合作,使得校企合作的有效性没有得到真正的呈现。

笔者以为,鉴于空乘人才培养的特殊性——是为航空公司培养专门人才,高校与航空公司联手进行培养,是解决空乘人才培养问题的关键,只有航空公司进行有效介入,才能培养出满足航空公司需求的空乘人员,当然,航空公司和高校合作并不能解决高校空乘人才培养的过程中出现的所有问题,但是,通过航空公司的强化补养,高校空乘人才的培养质量才能得到提升,才能得到保障。我们将在后续的内容中更深入地探讨这种合作应该是如何进行,如何更为有效地进行的。

第三章 共同参与:航空公司与高校合作培养

通过航空公司与高校联合培养空乘人才是满足民航市场发展需求的需要,也是高校教学改革、人才培养变革的需要,因此,很多高校和航空公司都进行了一定的实践探索,在空乘人才目标的明确定位、空乘人才培养的教学改革等等方面取得了一定的成绩,积累了一定的经验。但其间仍然还有广度和深度上的可拓展的空间。基于此,高校和航空公司有必要对如何将校企合作有效渗透到空乘人才联合培养的各个环节进行共同研究和探讨。

(一)校企合作人才培养的特点

校企合作培养人才与传统模式的培养肯定存在着差别。高校和企业共同参与人才培养,一定是要体现双方共同的利益,要体现双方共同的资源共享,要体现双方共同的资源互补。

1. 高校主体,校企协同共赢

在校企合作双方中,高校始终是人才培养的主阵地,是对学生进行系统的培养的实施主体之一;同时,企业也是人才培养的主体之一,其作用也不容忽视,因其具有得天独厚的资源优势,且又是高校人才的输出地,既是校企合作中的服务对象,又能为人才培养提供良性支持,是人才培养的重要依托力量。

在航空公司与高校联合培养本科层次的空乘人才体系中,空乘学生的主要培养过程及所遵循的培养原则,都是以高等教育发展规律为基础的。航空公司也起到重要作用,实践能力和企业文化的认同培养都是依托航空公司来进行。

高校和航空公司都是空乘人才的培养主体,所以以校企协同为原则对空乘学生进行培养。航空公司与高校合作共同育人的特质在于,二者紧密合作,共同参与人才培养的全过程,从招生到培养方案的设置,到空乘学生的管理等等,航空公司与高校空乘人才培养单位是一个协作培养的关系。

校企协同的最终目的是要实现合作共赢。校企合作的目的是既要满足企业对人才的需求,也要满足高校向企业输出人才且提升人才的培养质量,也即双方建立起一个利益互动机制,这个利益互动机制就是双方实现互惠互利,合作共赢。

首先,企业在这个利益互动机制中要赢,要有利。校企合作培养人才是要满足企业的需要。从一个角度来说,高校和企业的合作主要取决于该企业的需要,如果学校能符合企业的需要,那么校企合作方案就能成功;反之,如果学校不能符合企业的要求,那么校企合作就没有可能性。所以要达成校企合作,高校就有必要围绕满足企业的需要出发,对人力资源市场进行深入调研,了解企业所属的行业发展状况、了解合作企业的发展状况了,解企业的人才空缺情况及用人标准,为达成良好的校企合作关系奠定基础。从另一角度来说,校企合作关系一旦形成,学校在保证自己是人才培养主体的情况下,在保证符合高等教育人才培养规律的原则下,必须突出以企业的需求导向为原则的人才培养目标和培养方式。只有满足了企业的需求,高校培养的人才在企业中得到了很好的使用与发展,校企合作才算成功。航空公司参与空乘人才培养,其目的也是如此。

然后,高校在这个利益互动机制中也要赢,也要有利。校企合作培养人才也是要满足高校的需要。在校企合作中,高校要选择的企业一定是能为学校人才培养提供一定的资源支持,比如资金、场地以及经验丰富的人力资源等等,以提升人才培养的质量。更为重要的是,该企业还能成为高校输出就业学生的重要对象,以提升高校学生的就业率。高校与航空公司联合培养本科层次的空乘人才,高校首先要调研空乘人才的行业需求情况,要研究航空公司对空乘人才的用人标准,还要研究合作航空公司的整体情况,以是否能满足航空公司的需求来决定能否与航空公司达成合作意愿为目标。而一旦与航空公司达成了合作,那么整个空乘人才的培养就要以满足合作航空公司的需求为原则,所培养的学生能够为航空公司所用,能够尽快地适应航空公司的岗位,并充分认同合作航空公司的企业文化。同时,高校在与航空公司合作的过程中,能借助于航空公司的人力资源和财力资源,提升空乘人才培养的质量,并成为满足空乘学生就业的主要去向。

2. 资源共享,参与统一管理

在校企合作中,双方的合作关系应该是建立在相互理解、相互信任、资源共享的基础之上的,双方应该是一种良性的互动关系。如果合作双方只是某一方向另一方给予单方面的资源输出,那么这种关系是不能稳定与长久的。所以,资源共享、利益共存原则是合作达成的重要原则。在高校与航空公司的合作中,高校必须为空乘人才培养贡献出自己的资源,企业也同样如此,二者在相互的资源共享中完成空乘人才的优质培养的同时,也通过异质资源的共享促进各自整体实力的提升与发展。

既然合作双方应该是一种良性资源共享的互动关系,双方的利益和责任也应该是高度统一的。那么,要达到这样一个目标,就必须坚持统一管理原则,即要坚持领导的统一、规划的统一、合作计划实施的统一、检测评估的统一等。校企双方遵循统一管理的原则,主动地开放式地参与到人才培养的各个阶段,参与到人才培养的各个方面。高校与航空公司进行本科层次的空乘人才培养,也是在坚持统一管理原则下,二者资源共享的合理机制,充分利用双方具有优势互补的人才培养资源,实现理论教学和技能实践的无缝连接,为提升空乘人才培养质量奠定基础,既能实现校方的高学生就业率,又能实现企业人才的需求。

3. 知识为主,突显实践

实践教学是校企合作人才培养模式中最突出的特点之一,因此,教学过程中的实践教学管理提升到更加显著的地位。实践教学管理主要包括课程教学中实践环节的设置与实施、实训条件的建设与管理、学生技能竞赛管理、校内校外的实训教学管理等,其中包含了实践教学管理的培养形式、监督管理等。

实践性是空乘服务行业的一个典型特征,所以校企合作的人才培养与非校企合作的人才培养的一个优势就在于能够更加鲜明地体现这个特征,能够更大程度地为空乘人才动手操作的实践能力的培养提供更多的机会、提供更多的有效途径。

但是,本科层次的空乘人才培养不仅仅是关注实践性,更是关注实践升华的理论知识、关注用以指导实践的理论知识的掌握与应用。

(二)共研:共同研究培养机制

既然是合作培养人才,自然要共同地参与到人才培养机制的研究中去。航空公司与高校共同培养人才,双方就要共同参与研究空乘人才培养机制。

1. 共同研究空乘人才培养目标

共同研究本科层次空乘人才的培养特点,确立清晰的人才培养目标。校企合作育人模式最早应用于高等职业教育,因其自身的优势特征,研究型高校、应用型本科高校都随着企业和高等教育的发展而也采用这一育人模式。

不同类型的高校因其职能侧重的差异而具有不同的人才培养特点。研究型高校侧重培养理论研究型人才,其人才培养的重点是研究教育,所以学术研究型高校的校企合作偏重研究生的研究项目,与企业一起进行科学研发,既可以科研促进教育,又使学生提升科研能力;专科层次的高职院校的职能侧重是技术型人才的培养,所以其校企合作育人过程较为注重教学过程,侧重培养实际操作技能过硬的人才。应用型本科高校按其自身定位要求培养应用型人才,即在未来工作中具有研究开发、集成创新能力的中高级应用型人才。[64] 这就要求应用型本科教育重视对学生工作能力,对知识的应用能力的培养,即理论与实践并重的应用型人才培养。

我们通过与高职空乘人才培养的差别来探讨航空公司与高校联合培养本科层次空乘人才的培养目标。

首先,在总的培养目标上,本科层次所培养出来的空乘人才是具备宽厚空乘服务与管理理论基础知识,具备较强自主学习能力,较强的终身学习及职业发展能力,能够综合运用所学知识解决职业活动中各种复杂问题的应用型人才,也即是说,本科层次空乘人才培养目标面向的是航空公司与空乘服务相关的职业群,可以是空乘服务,也可以是空乘服务管理,甚至可以拓展到教育领域和高层次礼仪服务领域等等;高职院校空乘人才培养目标面向的是具体的空乘服务岗位。

其次,在知识构建上,高职院校空乘人才教育侧重于为学生搭建"技能模块"的知识框架,侧重以理论的"实用"为追求,即以促进空乘学生掌握空乘服务业务知识、空乘服务岗位操作性技能的知识为目标。除了构建高职教育的"技能模块"的知识框架之外,本科层次空乘人才教育还侧重于为空乘学生搭建"可塑性模块"的知识框架,即以促进空乘学生掌握完整的、系统的科学的空乘服务与管理的理论知识为目标,并且能对这些理论知识进行迁移化的使用。

再次,在能力培养上,本科层次空乘人才教育既重视空乘服务与管理岗位职业能力的培养,即除了具备较强的空乘岗位岗位实践操作能力外,还注重培养空乘学生运用理论知识发现问题、分析问题、解决问题的能力培养;高职院校空乘人才在培养过程中侧重以理论知识"够用"为导向,更加注重实践动手操作能力,力求熟练的培养,注重培养各种实用技能并掌握相关操作规范,在实际工艺操作中应具备较快的执行能力和规范意识,强调操作性、熟练性和规范性。

当然,本科层次和专科层次的空乘人才培养也有其共性,比如,都应该要具有空乘服务和管理所必需的理论知识、服务理念、服务技能;都应该要求空乘人员不仅要具备基本的娴熟的操作能力,还要具有优秀的道德修养、崇高的敬业精神以及较强的沟通协作能力、社交表达能力、应变心理承受能力等等。那么,当航空公司要和高校联合培养本科层次的空乘人才的时候,就必须共同研究其与专科层次的区别,共同研究新型的合作培养模式,共同研究新型人才培养目标,共同为实现预期的空乘人才培养目标做出各自的努力。

2. 共同研究合作教育模式

从校企合作的发展历程来看,我国校企模式基本上有五种模式。

第一种是订单式培养模式。即企业给高校提供自己的用工需求,高校在教学内容的制定、教学目标的选择上,根据企业的需求量身定制,为其培养特定技能的专业人才。订单式的培养模式有其优势,即既能保障人才的应用型需求,又能帮助高校实现学生的有效就业。但其中也存在一定的风险,就是学生毕业后并不一定都能满足企业的要求。所以,在这种模式下,合作双方一定要把握好两个问题:一是如何完善培养过程,实现企业需求的最优化培养。二是要规范化地关注那些毕业时达不到企业预期的学生的去向问题的处理。

第二种是企业引入模式。该模式的特点是学校最大限度提供教学场地和合作企业所需的各种服务,把企业嵌入学校,在校内建设实训基地,与合作企业共建专业,共同培养学生;企业则需要投入所需专业共建的软件设施,软件设施包括当下最先进的专业前沿知识,包括该专业所需要的职业素养等等,使学生在校期间就可以清晰地认清自己未来职业的去向。这种模式的优点在于既可以解决企业场地不足的问题,同时也丰富了学校的实习实训设备即实习实训场所,真正做到企业与学校资源共享。

第三种是实习型校企合作教育模式——以学校为主要教学场所,学生在学校完成学历教育的所有课程要求,只是在企业完成实习项目的内容,完成学校要求的实践教学任务,企业在其中主要扮演实习实训教育基地的角色。

第四种是产学研合作模式。产学研合作模式就是充分利用学校与企业、企业与科研单位之间展开的一种合作模式,其主要特征在于,如何把学校教学环境和教学资源等与企业的科研实践相结合,侧重于高校及学生科学研究能力的培养以及科研项目转化研究。

作为空乘人才合作培养,航空公司与高校的合作教育模式主要是以前面两种为主。绝大多数航空公司更关注第二类,即订单式的空乘人才培养模式。比如南昌航空大学于2008年开始与深圳航空公司联合培养空乘人才,开设了"深航班"。2015年与海航签订了空中乘务定向班的合作协议,从2013级到2015级每届选拔优秀学生25人左右进入海航定向班。近3年来,南昌航空大学每年向海航输送毕业生30名左右,且得到了海航的一致好评。2016年被海南航空评为杰出贡献院校。2016年与南方航空合作举办空中乘务定向班。此外,还与厦门航空达成合作意向。[65]

1. 共同研究空乘人才培养方案

航空公司对空乘人才的素质和技能要求随着我国民航业的发展而不断发展变化,对于各航空公司自身来说,也有其个性化的与其企业文化相对应的人才素质要求。因此,合作培养的空乘学生最终是否能符合航空公司的要求,要从完善空乘人才培养开始。空乘人才培养方案的完善要关注如下两个方面的内容。

第一,人才培养目标。校企合作的人才培养目标应该与非校企合作的人才培养目标有一定的区别。校企合作的空乘人才培养目标一定要结合学校与合作航空公司双方的需求。一方面要符合高等教育的教学规律,与合作高校的特长与优势相结合;另一方面要考虑合作航空公司的个性化,符合航空公司人才需求标准。

第二,课程体系的设置和学分学时的分配。这实际上是培养方案中的核心内容或者说是基础内容,也是合作航空公司和高校应该进行深入研究的地方,也即是要研究如何从课程设置的角度上体现空乘本科人才校企合作培养的特点。一般来说,本科空乘人才的培养方案要兼顾课程设置的理论性与实践性,这与高职院校的空乘人才培养课程设置实践应用性相区别。因此,本科层次的空乘培养课程设置应注重课程体系的完整性和连贯性,注重理论课程与实操课程的学分与学时的安排,以保障空乘学生既有"可塑性"的理论知识框架,又有"实用型"的实践性知识框架,以此与专科层次空乘人才培养相区别。

但在现实中,我国有些高校空中乘务人才本科培养方案依循的是专科培养方案,课程设置上本科与专科的差别度不大。比如桂林航天工业学院在招收专科层次的空乘学生的基础上,又于2014年依托广西民航业发展以及中国—东盟地域的独特优势,在商务英语专业下开设了本科层次的国际乘务方向,招收了首批本科空乘学生,但是,桂林航天工业学院本科层次和专科层次的空乘人才培养的课程设置没有太大区别。如下表。

桂林航天工业学院空中乘务本科与专科部分课程设置对比。[66]

表1　桂航空中乘务本科与专科部分课程设置对照

专科		本科	
课程名称	学分课程名称	学分	
航空服务礼仪(B)*	3	涉外航空服务礼仪	3
航空保健卫生与急救	2	航空保健与急救	2
职业形象设计	2	民航职业形体训练 I	2
民航服务英语(B)I	3	航空服务英语	3
现代酒店管理(B)	2	酒店经营管理	2
职业形象设计	2	民航职业形体训练 I	2
		民航职业形体训练 I	2

如果本科层次的空乘人才培养与专科层次的空乘人才培养在课程设置上没有太大区别的话,那么本科层次的培养就没有意义了。所以,航空公司既然是和要高校合作培养本科层次的空乘人才,就必须共同探索设计校企合作背景下具有本科层次特征的课程体系。

4. 共同研究建设实习实训基地

大学期间的实习实训是指空乘学生按照教学计划进程所设定的时间去指定的或者自己联系的场所进行实践活动的一种形式,是培养方案中确定的一个必经的学习环节,是培养理论基础扎实、职业素养能力强的空乘人才的一个重要实践环节。实践教学的目标在于培养学生的专业操作能力和素质,在于锻炼学生沟通能力、社会交往能力及团队协作能力。对于空乘学生来说,实习实训基地是空乘学生模拟空乘服务与管理工作环境中进行实际操作练习的重要场所。在这样的场所中,空乘学生能熟悉航空公司的实际岗位要求,能实现对飞机客舱的感性认识,能促进空乘学生实际动手操作能力的培养,为实现"零距离"上岗奠定基础。对于与航空公司合作的高校来说,空乘学生到航空公司实习无疑是最好的选择。因此,航空公司与高校有必要联合为空乘学生建设好实习基地。

一方面,航空公司可以投入一部分资金,在校园内帮助学校建设一些与航空公司完全可以对接的实训基地;另一方面,航空公司也可以定期开放一部分实训基地,让空乘学生定期到实训场所进行实际操作。尤其值得提倡的是,合作航空公司可以与高校签订长期的学生实习实训协议,实际上就等于建设了稳定的行业内校外实习实训基地。

航空公司与高校在联合建设实习实训基地的过程中,要注意把握好几个原则:其一,互利原则,即航空公司与高校共建实习实训基地应当对双方都有利。对学校来说,可以通过实习实训基地的建设完成学生定期的实习任务,有利于学生实践技能的培养;对航空公司来说,可以通过实习基地的建设和学生定期的实习工作,为自己所需要的人才培养做出贡献,同时,在这个过程中,航空公司也能从实习教师和学生那里收获一些反馈信息,用来完善自身的管理、设备等等。其二,互补原则,即指学校与航空公司共建实习实训基地应当实现优势互补。对学校来说可以通过实习基地的建设充分推进教学、科研,帮助航空公司提高技术与管理水平;对航空公司来说,可以充分发挥航空公司作为现实经营实体的优势,为学生提供空乘服务职业活动现实的客观环境,帮助学生在真实情境中获得在学校无法获得的知识与经验。其三,共担险原则,即学校与航空公司共担共建实习基地可能带来的风险。对学校来说,要承担组织学生实习方面的风险,学生自己承担未按规定操作或违反规定出现事故的风险;对航空公司来说,要承担组织和指导实习工作不当方面的风险。因此,学校、航空公司、学生三方面签署的实习协议中应涉及安全风险方面的内容。其四,共同建设与管理原则。共同建设主要是指学校与航空公司应当共担实习基地建设责任,要共同投入商讨建设环节的各个细节,如果是合资型的话,还要共同投入资金。共同管理原则指学校与航空公司应当共担实习实训基地的管理责任。因职能分工的不同,学校和航空公司对实习实训场地承担的管理责任也不同。如学校负责学生的组织管理、指导教师的配备及其考核等事项;航空公司负责公司内导师的选拔与配备、学生实习实训的过程管理及实习实训结束后的考核鉴定等。

5. 共同研究"双师型"队伍建设

第一,共同研究"双师型"空乘教师的培养机制。航空公司和高校要出台相应的文件或管理办法来推进"双师型"教师培养。

第二,共同研究如何细化"双师型"教师建设。航空公司和高校要明确"双师型"教师队伍建设的目标,双方在其中承担的责任、义务,并提出具体的路径。

一直以来,高校空乘"双师型"师资队伍建设的瓶颈在于缺少有丰富客舱服务与管理经验的教师。航空公司如何在合作过程中有效地打通这个瓶颈,是合作双方需要共同深入研讨的问题,其中,航空公司应该充分利用自身的优势推动"双师型"空乘教师队伍建设。一方面,航空公司可以主动派遣公司内部的客舱部管理者、空中乘务资深从业人员到高校担任兼职教师,弥补高校空乘教师缺少行业经验的瑕疵。另一方面,航空公司可以承担起为高校培训专职教师的任务。高校的专业教师由于缺乏定期的客舱服务培训,所以在面对学生讲授相关技能时会存在不自信或者说无法达到预期教学效果的情况,所以,定期到航空公司进行相关技能的培训,对提升专职教师的技能素质无疑能起到非常好的效果。而航空公司就可以主动为高校空乘专职教师提供这种服务,使专职空乘教师有机会到航空公司参与行业学习,参与空乘服务与管理技能的实际操作培训,熟悉空乘服务与管理的流程及操作规范。

(三)共同参与人才培养

1. 共同参与空乘学生的招生

在某种程度上来看,学生的生源是学生培养质量的决定性因素,既然空乘学生是为满足航空公司而培养的人才,所以,让航空公司参与到空乘学生的招生上来,是提升生源质量的切实可行的途径。目前,有的高校就在空乘学生招收的复试环节,引进了航空公司的人员作为评审人员。这样既有助于生源质量的保障,对学校来说也会带来一定的宣传效果。

2. 共同参与学生职业能力的培养

参与学生知识结构的优化。高校与企业从不同的切入点实现对学生知识结构的优化。高校侧重于在学校教育的框架下,通过课程、课堂等方式加强学生理论知识的传授;企业侧重于通过实践平台、通过职业实践加强学生技能知识的优化。高校在培养空乘学生的过程中,空乘教师的课程教育,能有效地优化学生有关空乘服务等知识结构;航空公司则在参与学生实践培训的过程中,在具体的实践中优化空乘学生对空乘服务标准、服务流程的知识。

参与学生技能的提升。校企合作的优势就在于企业能够为高校学生提供更多的实践机会,在实践中提升学生的职业技能;而在高校的教育体系中,既可以通过课程的实践环节提升学生的职业技能,也可以在除课程之外的实践活动中辅助职业技能的提升。航空公司为空乘学生提供了解空乘服务标准、服务流程的职业技能;高校在开设的空乘人才培养相关课程的实践环节训练空乘学生的职业技能、提升空乘学生的职业技能,也通过专业教师及学生组织的专业实践活动及课外实践活动,优化在课程中掌握的职业技能与职业素养。

参与学生职业道德的培育。职业道德是空乘学生职业能力的核心要素之一。职业道德的培育是显性教育和隐性教育结合的结果。空乘学生在学习期间,会接受校园文化的熏陶,这种校园文化对学生职业道德的培育起到了隐性教育的作用。同时,学校还开设了一系列的思想政治教育课程以及专业课程,对学生职业道德的培育起到了显性教育的作用。校企合作下的学生职业道德的培育还有另外一条路径,即通过在企业实习实训的路径,向学生传授企业的职业精神和价值理念,帮助学生认同企业文化。企业文化能激发员工的使命感,能凝聚员工的归属感,能加强员工的责任感,能赋予员工荣誉感,能实现员工的成就感,是培育学生职业道德的有效路径。航空公司的企业文化无疑对空乘人员的职业道德具有良好的促进作用。比如海南航空就凝练出了自己的文化格言:"为社会做点事,为他人做点事;至诚,至善,至精,至美;大众认同,大众参与,大众分享,大众成就;诚信业绩创新",从各个层面对海南航空的价值理念进行描述,从宏观上能引导员工树立符合海南航空发展的职业道德。海南航空还凝练了员工具体的"SMILE 服务精神",即"安全正点(Safety& Punctuality)、东方优雅(Manners& Elegance)、创新激情(Innovation& Passion)、团队协作(Leadership& Teamwork)、平等仁爱(Equality& Love),从另一个角度对海南航空的员工在服务过程中应该具备的职业素养进行培训,空乘学生在这样的文化格言和服务精神的环境中实习实训,自然对培育空乘学生职业道德起到非常好的导向作用。

3. 共同参与学生日常管理

高校和航空公司共同参与学生日常管理的前提是要充分认识校企合作下空乘本科学生日常管理工作的特点。航空公司与高校联合培养空乘人才打破了传统的教学模式,学生日常管理工作也呈现出不同的特点:其一,在管理主体上,突出航空公司和高校共管共建。在学生日常管理中,应侧重航空公司和高校双方的紧密配合和合理分工,整合双方资源,共同建设和参与学生的管理工作。其二,在管理方式上,突出学生管理的实践性和阶段性。空乘本科层次人才对学生理论知识的掌握和应用要求比较高,所以,在航空公司与高校合作模式下,协调空乘学生学习理论与进行实践之间的关系,分阶段循序渐进地从理论到实践,再由实践回归到理论,有目标地对学生进行阶段性管理,实现空乘人才的培养目标。其三,在管理方法上,有必要建立校企联动性的学生工作管理体系。航空公司与高校联合培养,意味着培养环境和培养主体与非合作的有了一定的差别,出现了航空公司环境和航空公司管理主体,教育环境的变化也必然要引起管理方法的变化。建立校企联动的学生工作管理体系,学校与航空公司紧密合作的管理方法的变革,是校企合作下学生日常管理的特点。

高校和航空公司共同参与学生日程管理就要充分理清校企合作下空乘学生日常管理的具体内容。其一,学习纪律规范的管理。要共同对空乘学生是否按时上课,是否保持课堂秩序和是否尊重老师进行管理。其二,住宿纪律规范的管理。要对空乘学生在校住宿期间是否遵守宿舍的相关规定,是否按时作息,是否保持宿舍卫生,是否尊重管理人员进行管理。其三,安全教育的管理。要对学生在学校期间和在航空公司期间是否遵守学校和航空公司的相关安全规定进行管理。其四,道德教育的管理。要对空乘学生校内校外、课堂内课堂外的道德行为进行管理,对学生如何接受道德教育进行管理,要对学生违反道德的行为和弘扬道德的行为进行管理。

高校和航空公司共同参与学生日程管理要充分探析校企合作下空乘本科学生日常管理工作实施的有效路径。首先,要建立符合校企合作模式的学生管理制度。航空公司与学校合作模式下的空乘学生日常管理在建立学生管理制度、学生行为规范的时候,不仅要考虑到大学本科生这一群体的共性,还要充分关注到航空公司空乘人才培养的需求。有些学校为了适应航空公司对空乘人员就较高纪律要求的特性,建立了严格的准军事化管理制度来对空乘学生进行管理。所谓准军事化管理就是仿效军事单位管理方式,对在校空乘学生实行的一种管理制度,其显著特点在于“严格”,具体体现为“严格的制度”“严格的管理”“严格的考评”等。比如制定《空乘学生行为规范量化管理条例》,从各种角度将学生的日常学习行为、纪律行为、生活行为等表现情况加以量化,以量化的结果作为空乘学生的考核结果。准军事化管理不仅有利于空乘学生培养良好的学习习惯,还有利于培养学生精准的时间观念、良好的团队精神和合作意识,为未来从事空中服务与管理工作打下良好的基础。其次,建立一支基于航空公司与高校协同合作的学生工作管理队伍。航空公司与高校共同培养空乘人才,就必须根据人才需求标准,共享双方的资源,双方携手,共管共建,才能确保人才培养质量。因此,在空乘学生的日常管理中,应该整合双方资源,构建完善的学生管理队伍。一是共享师资资源,通过航空公司的兼职教师与高校的专职教师,在教学管理与教学实施环节上共同参与学生的管理。二是让企业管理人员担任学生工作兼职辅导员,更真实地了解学生和管理学生。三是学校已有的学生工作队伍要加强与航空公司的联系,便于航空公司能随时了解学生的成长状态。这样,就建立起了一支由航空公司与高校双方协同合作的学生管理工作队伍,双方因分工明确、各司其职而能够实现对学生的有效管理。再次,要优化适合校企合作模式的管理方式。既要让学生充分认同高校学生管理的方式,让空乘学生遵守与其他专业学生一样的管理规则、管理途径,让学生在校园环境里接受普遍性的管理,又要让学生进入航空公司,充分体验航空公司的企业文化和空乘服务人员的职业文化,把航空公司的高标准、严要求、半军事化管理要求融入空乘学生的日常管理中。同时,航空公司与高校学生工作管理队伍可以联合起来,组织学生策划开展以学生为主的体现空乘服务职业特色的相关活动,比如航空服务技能大赛、风采礼仪大赛等,极大丰富学生的管理方式,提升学生管理质量。

第四章　制度完善：校企合作的保障

制度"包括为社会生活提供稳定性和意义的规制性、规范性和文化—认知性要素，以及相关的活动与资源。"[67]要提高航空公司与高校进行空乘人才培养的有效性，就需要有效的校企合作制度做保障，就需要不断探索和完善有利于校企合作发展的制度。

（一）制度：校企合作的生存环境

在马克思的理论体系当中，制度是属于上层建筑的范畴，是由社会关系决定的。经济制度、政治制度及法律制度从不同方面来制约或规范人们的行为，用以维持一种生产关系和经济关系的存在和运行。换个角度我们也可以解释为，经济制度、政治制度及法律制度是生产关系和经济关系存在和运行的一种环境。由此，它们亦是体现经济关系和生产关系的校企合作存在和运行的生存环境。我们也就可以认为，校企合作一定是在社会的经济制度、政治制度和文化制度等组成的制度环境中展开，良好的制度环境是校企合作的前提和基础，是影响校企合作成功与否的关键因素。我们在校企合作的制度上不断做出努力和探索的目的就是为了使制度环境能够更好地适应当前校企合作发展的要求。我们从规制性基础要素、规范性基础要素和文化—认知性基础要素三个角度来分析校企合作的制度环境。

1. 规制性基础要素

从对"规制"范畴的理解就可以判断出规制性基础要素突出的特点是强制性，能体现强制性的制度主要包括法律法规及一些相关的政策。具有强制性特征的法律法规是保障航空公司与高校合作实施的纲领性文件。

2. 规范性基础要素

规范性基础要素是从另一场域来探析校企合作的制度建设。"规范系统包括价值观和规范。所谓价值观,是指行动者所偏好的观念或者所需要的、有价值的观念,以及用来比较和评价现存结构或行为的各种标准。规范则规定事情应该如何完成,并规定追求所要结果的合法方式或手段。"[68]从斯科特的角度来看,规范性基础要素偏重于处理中观层面的学校和企业之间的价值观和规范——不仅确定双方的合作目标、预期收益,还明确达成双方合作目标及预期收益所采取的适当方式和方法。对于航空公司与高校合作这一合作场域里,航空公司和高校既是场域中的行动者,也是该场域中的利益相关者。因此,合作双方非常有必要通过规范性的要素对各自的价值观及保障空乘人才培养目标实现权力和义务管理予以确定,这样,明确的价值定位、明确的角色分工、明确的职责定位在对航空公司与高校合作行为施加一种限制的同时,实际上也会赋予航空公司和高校某种力量和某种权利,即对于各行动者既给予了相关的权利也施加了相关的义务。

3. 文化—认知性基础要素

文化—认知性要素的重要性在制度主义者那里占据非常重要的地位,他们认为,制度的文化—认知要素构成了对社会存在性质的共同理解,也构成了建构意义的认知框架,这个认知框架直接对制度的形成产生决定性作用。也就是说,对于合作双方来说,合作的意义产生于二者的互动,并成为二者持续互动的能量。因此,对于航空公司与高校的合作来说,只有当合作双方达成了对于共同培养空乘人才这一合作性质的共同理解,以及对合作行为价值和意义的认知深度一致的时候,就能够形成一种应然的合作关系。尤其是航空公司和高校属于两种不同的社会组织,各自有不同的文化信念,这种不同的差异性容易导致双方合作行为的瓦解。因此,构建航空公司和高校双方共同的文化信念,使双方合作获得一种深层次的合法性,这就成为完善航空公司与高校合作空乘人才培养制度环境的基础性要素。

(二)制度建设:校企合作动力的应然分析

校企合作在我国已经取得了一定的成效,但也还存在不少问题,还存在需要亟待完善与改进的地方。加强制度建设对于完善现有的校企合作模式,完善现有的航空公司与高校联合培养空乘人才具有非常重要的现实意义。

1.调动企业积极性

首先,加强制度建设是促进企业参与校企合作行为发生且能持续有效发生的前提条件。高校和企业分属于两个不同性质的组织——企业是营利性组织,高校是非营利性组织。作为非营利性组织,高校的行为规则和利益诉求侧重于提供社会公益性的公共产品——人才培养,追求的是社会效益的最大化;作为营利性组织,企业提供的是以营利为目的的商品,追求的是利润最大化。两种不同性质的组织如何能够合作在一起,取决于是否具有确保二者实现共赢的制度保障。所以,要调动企业参与校企合作的积极性,就有必要通过制度建设形成一种具有内在动力机制和保障机制的制度体系,既为高校非赢利的合作行为提供保障,也为企业的赢利行为和赢利目标提供保障。因此,要调动航空公司积极参与高校联合培养空乘人才,就有必要为航空公司的利益诉求提供制度保障。

2.促进高校组织制度变革

校企合作的制度建设有益于高校的组织制度变革。

在传统的运行机制下,我国高校在与外部环境的联系的组织制度的设计基本上是以处理纵向的社会关系为前提的,基本上以与教育体系中上下级关系为原则来设置组织制度,很少有基于利益诉求的横向上的组织制度设计。但随着校企合作行为的发生与发展,处理与企业合作行为的种种组织制度就必然要产生,建立适应校企合作的组织制度也成为必然。

多年以来,我们在变革高校传统的组织制度方面进行了很多探索和实践,其中,校企合作成为这种变革的一个重要动因,而校企合作的制度建设更强化了这种变革——推动了高校组织结构和制度安排进行同步变革。

3.推进政府职能转换

校企合作的制度建设有益于推进政府的职能转换。

我国经济体制上的变革——由计划经济体制向市场经济体制的转变同时也带来了政府、高校、企业三者之间关系的变化。在计划经济体制下,政府、高校、企业三者之间的关系是一种"政—校""政—企"的线状关系,在市场经济体制下,政府、高校、企业三者之间的关系开始变革为一种网状的合作伙伴关系,这种合作伙伴关系必然要带来政府管理理念的变革,使得政府在校企合作中的管理理念发生了从管理视域中的"行政事务"向治理视域中的"公共事务"的变化，也就带来了政府职能的改变：从微观层面的行政参与转变到宏观层面的公共调控。

4.为校企合作提供保障

首先，校企合作制度建设为校企合作中的利益相关者提供制度预期。所谓制度预期即指制度因其本身的稳定性特征，给人们的行动结果提供了预先告知功能，也即是说，制度告知了人们行为是否符合制度的安排及符合与否所可能带来的后果。校企合作制度也具有制度预期特质。

我们可以从两个角度来理解航空公司与高校合作培养的制度预期。一方面，航空公司和高校都可以根据校企合作制度提供的信息确定各自的行动预期，即哪些行为是符合制度的、哪些行为是不符合制度规范而不能行动的，对那些违背了制度规范的行为应该承担什么样的结果等等。另一方面，航空公司和高校还可以根据制度信息预期对方的行为，当发现对方行为有可能违反合作制度的时候，可以及时提出并进行制止。

由此看来，校企合作制度建设的意义在于，减少由于环境的不确定性带来的人们行为的不可预期性，为合作中的各利益相关者之间产生信任奠定基础，也为合作者之间协调矛盾提供保障。故而，校企合作制度提供了对于人的行动的保证，为人们的预期的实现予以了秩序性和稳定性。

其次，校企合作制度能有效地降低校企合作的成本。从经济学的角度来分析，校企合作行为在某种程度上就是一种交易行为，交易行为的发生是需要成本的，即我们通常说的交易成本。校企合作的交易成本即指在合作中，高校和企业为能顺利实现各自预期和目标所投入的全部费用及一些隐性的资源，包括资源配置成本、管理与协调成本、获取信息成本及制度维护成本等。科学合理的校企合作制度建设能起到有效地保障成本发生的合理性及其使用的有效性的作用，因此，合理的制度设计能起到降低交易成本的作用。

（三）制度反思：合作制度的实然考察

校企合作在我国已历经多年，与之相应的保障其良性运行的制度建设也取得了一定的成就，但随着校企合作的进一步深入，校企合作制度建设还有需要进一步完善的地方。

1.法律性制度建设有待完善

校企合作相关的法律性制度建设还有待完善。完善与细致的法律法规是进行校企合作的非常重要的制度保障,比如美国,既有从国家层面促进合作教育的法律《拜杜法案》,又有落实到促进企业与高校人才互动的法律《史蒂文森威德勒技术创新法》。随着我国本科生教育的不断发展,很多地方本科院校为了自身更好发展,在结合所在地经济发展状况的基础上,尝试与企业进行合作,以期完善自身人才培养模式,提升人才培养质量。而在合作过程中问题矛盾不断显现,但处理这些矛盾问题的法律法规则还不是很规范,不是很系统。目前有一部较为成熟的《职业教育法》,对职业教育层面的校企合作有制度性的规范与保障,但还缺少专门涉及普通本科层面的校企合作制度。从我国现阶段校企合作发展现状来看,政府并没正式出台专门的关于本科院校校企合作的法律法规和政策。许多本科院校在进行校企合作或者处理校企合作中的问题的时候,只能借鉴《职业教育法》及一些高职高专院校的校企合作管理办法。因此,对于本科院校校企合作而言,尽快有较为完善的完备的法律体系作为保障。

2.监督性制度不健全

监督是发现问题并使问题得以解决的重要行为,合理的监督制度有利于为监督行为提供依据和保障。作为一项多方参与的公共事务,校企合作必须要有适当的监督制度以保障合作行为的良性运行,反之,如果缺少有效的监督制度,校企合作不可能深入发展。在现实的校企合作中,就存在相关监督制度不健全的问题。

从政府层面来说,政府对校企合作的监督制度需要进一步完善。目前,随着政府职能的转化,政府在校企合作中的作用逐步弱化,如何建立政府宏观层面的监督机制,组成由政府部门牵头、相关组织参加的校企合作监督机构,对推动和保障校企合作具有重要意义。

从社会力量层面来说,社会力量对校企合作的监督制度需要进一步完善。在大多数的校企合作中,除了高校和企业之间建立了一些监督制度之外,学生、家长以及其他利益相关者对校企合作进行监督的渠道、监督方式等还需进一步加强,需要进一步制度化。

从校企合作内部来说,合作双方的内部监督制度还需要进一步完善。校企合作是通过共同履行各自的责任和义务而实现共赢的行为,除了要有完善的制度体系,需要有规范的协议保障其目标实现之外,还需要有对各方的权利、义务以及违约责任落实情况进行监督的制度保障。这就是校企合作双方的内部监督机制,是学校和企业设置内部监督机构、制定监督措施对校企合作实施的监督。从目前大多的校企合作来看,成熟的符合双方诉求的监督制度还很缺乏,这是导致校企合作艰难持续的一个非常重要的原因。

3. 精细化制度还需完善

精细化制度是一种有效执行与落实校企合作行为的保障制度。从组织层面上来看,高校和企业因分属于特质不同的组织而导致有着不同的利益诉求,有着不同的组织形式和行为规则。因此,合作的前提就是要从精细化的制度入手,化解合作流程中存在的一些具体的技术性的差异问题。比如,精细化的制度中要明晰校企合作双方各自的目标,人才培养方案怎样制订和实施,课程体系怎样设置,教学活动如何组织;高校应该为企业提供哪些服务,企业应该为高校实践教学提供哪些项目和指导教师等等。这些都是合作双方需要通过精细化的制度予以协调、解决,并形成制度规范的技术性问题。如果我们把法律性制度和监督性制度是否完备定位为决定高校和企业能否产生合作行为的条件的话,那么,精细化制度的完善程度就是决定二者合作行为有效性的关键要素。应该说,一些高校和企业在合作过程中对解决这类问题做了一定的工作,取得了一定的成绩。但存在的问题还不少,是造成部分校企合作难以继续深入的重要原因之一。

我们这里要探讨的航空公司在与高校合作培养空乘人才,也存在如上问题。所以,必须有针对性地对如上问题进行解决,大力加强校企合作的制度建设。

(四)完善制度:合作制度建设的路径

构建具有内在动力机制的制度结构来促进校企合作的制度性、秩序性和持久性,是完善校企合作制度的终极目标。从政府有力宏观调控、社会积极地融入、企业和学校主动调适的角度加强校企合作制度建设,是实现这一目标的有效途径。

1. 完善国家宏观层面的制度

校企合作培养出来的人才是为社会服务的高级人才,校企合作培养是关系到社会进步的公共命题,因此,国家应该充分重视校企合作,从国家层面制定和完善具有强制性特征的法律法规,"强制手段的使用如果要有效果,就必须提出相对明确的要求,进行有效的监督和重要的制裁惩罚。除此之外,还需要使用一种重要的权力机制。"[69]国家应加强建立健全支持和保护校企合作的相关法律法规。国家可以从两个层面来规划制定相应的法律法规,一是纵向深入式的由大到小的法律体系。如下图。[70]

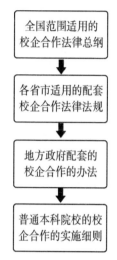

二是保护合作方式上由粗到细的扁平辐射式体系。如下图。[71]

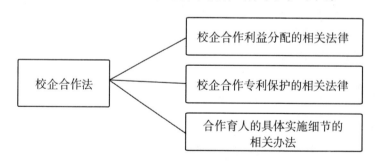

国家在制定相关的法律法规的时候,要注意把握如下两点:其一,在制定的法律、法规、政策中要明确政府的管理内容,明确政府在管理过程中的职权和责任。其二,要明确国家、企业、高校参与校企合作的权利、义务,即在相关的法律条文上要明确规定好各方的权利与义务,以及如果各方违反规定所要承担的责任。特别要规范校企合作双方合同的签订——在合同中要规定好双方各自承担的责任和义务,要明确各自双方未能履行义务或者履行义务不当而应当承担的责任等等。

总之,宏观层面的制度设计是实现校企合作中双方互利关系构建、实现校企资源优势互补、保障高校和企业的合理价值诉求的根本保证。

2. 完善中观层面的组织协调

政府是校企合作的外在力量,要真正实现校企合作的有效性,还是要靠校企合作双方的有效合作。校企合作的组织协调机构可以有两个。

一个是由学校负责人、航空公司负责人和政府相关部门的领导以及一些高级专家组成的组织机构。该组织机构具有如下功能:其一,对当地的经济发展特点、航空企业的空乘服务人才需求以及高校空乘人才培养等情况展开调研,把调研情况提供给航空公司和学校,航空公司和学校可以根据调研情况按照自己的需求选择合作的对象。其二,在学校和企业达成合作后,该机构负责对合作的整个过程进行督查,当双方合作发展过程产生矛盾或冲突,该组织应该予以合理化的解决和建议。其三,该组织机构负责对校企合作的经验进行总结,供政府、学校、企业借鉴。

另一个是由学校和航空公司相关成员组成的组织机构。这个机构主要负责双方签订合作合同,负责空乘人才培养目标和人才培养方案的制定,以及从宏观层面上协调双方的合作问题。

3. 完善微观层面的沟通协调

由航空公司人力资源部门成员和学校空乘人才培养单位成员组成的组织机构是实现校企微观层面沟通协调的主要力量。这是一个具体落实空乘人才合作培养方案的组织机构,必须负责制订具体的能够保证空乘人才培养顺利实施的相关管理制度。

首先要负责制定空乘人才培养目标及相应的教学计划。人才培养目标是双方合作的关键内容,要充分重视,教学计划是围绕培养目标组织实施和开展教学的重要依据,要根据空乘人才培养合作项目实施的具体目标制定教学计划。

其次要制定围绕教学方案实施的相关管理制度,特别是要完善空乘学生到航空公司实践活动的管理制度。一是要制定航空公司与高校合作进行实践教育的指导手册和管理办法。对实践教育的具体开展过程加以规范和指导,并加强对实践学生的安全知识教育和劳动纪律管理。二是要制定实践带队老师指导制度。航空公司和高校都要有实践带队老师,明确带队老师的权利和职责,要求双方带队老师要定期联系,对学生实习实训期间的学习、思想状况进行沟通,及时对学生进行关心、指导和教育,实现院校管理与企业管理同步。

再次要负责对校企合作的基本情况进行调研,并写出调研报告,综合分析空乘人才的培养状况,分析通过学校与航空公司的合作,是否培养出了满足航空公司需求的人才,是否为空乘学生综合素质的提升起到了促进作用,是否最终促进了航空公司的经济收入增长,是否促进了学校培养适应型社会型人才,使得航空公司和学校实现了双赢,为进一步改进双方合作提供参考借鉴。

4. 健全合作评价和监督制度

高校与航空公司之所以要产生合作行为,是基于双方都有各自的预期和各自的目标。那么,合作之路是否实现了各自的预期和各自的目标呢? 这就需要对校企合作的效果做出评价和监督,建立健全校企合作评价和监督制度。校企合作的评价和监督制度可以促使合作双方在人才培养目标确定、课程建设、教学实施合作环节上进行不断沟通,不断调整,能提升校企合作育人质量。特别重要的是,校企合作评价和监督制度是一种主动评价校企合作问题的制度,通过这种方式,能化解二者在合作过程中发生的问题,并有针对性地进行解决,以此实现校企合作的有效性和持久性。另外,校企合作评价和监督制度可以用来评价校企合作育人收益,用来评价航空公司与高校进行空乘人才培养后各自预期和目标的实现程度,并以此作为二者是否进行继续合作的参考依据,或者成为完善继续合作培养的资料。

航空公司与高校联合培养人才的评价和监督制度的对象是校企合作的状态,从维度来看,二者合作评价和监督制度可以从时间维度、空间维度和价值维度上进行探析。其一,从时间维度上看,一是评价航空公司与高校合作的发展过程,即监督和检查航空公司和高校是否在的思想上认同了双方的目标,是否在行动上履行了双方签订的合作协议。二是评价和监督航空公司与高校合作的显示状况。比如,合作双方是否深度参与了人才培养体系的制定,是否按照人才培养的逻辑设计了课程、设计了实践环节,是否实现了合作双方的资源共享和利益共赢。三是评价和监督航空公司与高校合作的未来发展趋向,即对二者合作未来发展前景的评价。其二,从"点"与"面"结合的程度上来评价和监督航空公司与高校合作办学的要素与结构的分布情况。"点"指的是双方合作介入的深度,"面"指的是合作过程中双方接触的广度。对航空公司与高校合作"点"和"面"上的评价和监督,是评价双方合作办学的重要观察点。其三,从价值维度来评价与监督航空公司与高校的合作,评价和监督航空公司与高校合作是否满足了双方的需求。利益共赢是二者合作的出发点,也就必须要对这个出发点进行评价和监督,以此判断航空公司与高校空乘人才合作培养的有效性。

如上四个方面的制度建设应该具有导向功能、调节功能和保障功能。校企合作的各个层面的制度,在办学定位、人才培养价值取向等方面起引导作用,对校企合作教育发展模式与路径进行宏观管控,实现校企合作人才培养服务社会经济发展的导向功能。在处理校企关系、利益相关者关系等多重关系中,调整多元主体利益需求,发挥关系调节功能。在合作人才培养目标及培养过程中,发挥保障作用,通过制度与组织的合理构建使校企双方的合理价值诉求与效资源共享得到保障。

如上四个方面的制度建设应该处理好校企利益关系构建和校企合作的过程管理。校企合作的制度建设一定要考虑这是一种源于利益交互性的合作行为,因此,校企合作制度既要推动外部机制如法律制度等的完善,也要着力于推动构建互惠互利的内部机制,实现校企双方利益交点的有效对接。校企合作过程管理包括信息管理、风险管理、冲突管理等,这是直接影响校企合作是否能有效进行,是否能持续发展的关键要素,所以,校企合作的制度建设一定要围绕这些内容展开。

总之,校企合作的持续、健康、有序的发展,需要科学化、规范化和法制化制度提供依据和保障。

第五章　岗位胜任力:空乘人才培养目标

培养目标的确定是人才培养的方向。作为本科层次的空乘人才的培养目标应该是怎样的呢？我们从空乘人员岗位胜任力的角度来探讨空乘人才的培养目标。

（一）空乘人才的岗位胜任力分析

人才培养目标的确定一定要考查和分析与之相对的职业的岗位要求和职业标准,在明晰职业标准的基础上分析其岗位胜任力,围绕岗位胜任力来制定人才培养目标,来进行人才培养。所以,分析空乘人才的岗位胜任力的目标在于明晰空乘人才培养的具体目标,明晰具体要把空乘学生培养成具有什么样职业素养的人,才能真正走上空乘服务和管理的岗位。

1.根据国家职业标准分析

根据劳动与社会保障部制定的《民航乘务员国家职业标准》和中国民航总局《公共航空运输承运人运行合格审定规则》(CCAR - RISF)中民航乘务员行业标准,可以将空乘人员的职责总结如下:①完成乘务预先准备工作,包括航线准备(重点熟悉各项服务作业计划,准备各种业务资料)和个人准备,履行所在岗位客舱安全职责,执行客舱服务程序。②依照标准和规范、按照分工负责本区域旅客的服务工作,根据旅客的特殊要求,有针对性地做好客舱服务。③飞行实施阶段做好安全检查和安全演示,负责辖区内物品摆放和客舱安全,遇紧急情况时进行客舱紧急程序准备、组织乘客撤离。④为旅客派发食物和饮料,照顾特殊旅客;正确操作、爱护机上设备,与其他乘务员做好配合协调工作。

⑤耐心解答旅客问题,并及时处理机上发生的各种特殊情况,有权代表乘务长处置客舱中违反民用航空法规等行为。⑥及时反馈旅客提出的合理建议和要求,完成乘务工作日记记录,对运行提出改进建议。

2. 根据行业要求分析

根据航空公司招聘、考核和培训等要求,结合本科高校学生培养目标,我们从如下六个方面来分析空乘人员应该具备的职业素质。[72]

第一,从政治素质来说,空乘人员应具有爱国主义情怀,在为旅客提供安全、舒适服务的同时,自觉维护国家利益和民族尊严,坚决抵制危害祖国和人民的不良思想和行为。这是所有从业人员都必须具备的素质。

第二,从道德素质来看,空乘人员应具有诚实善良、爱岗敬业、尊重他人,恪守职业道德和行为规范等高尚的道德品质和情操。

第三,从身体素质来看,空乘人员必须身体健康,能够完成航空公司体能测试要求,胜任空中乘务工作;能够承受长时间站立和反复动作的餐食配送、高空作业环境、夜间飞行、国际航班倒时差等工作要求。

第四,从心理素质来看,空乘人员必须能直面困难、压力和挫折,始终保持积极乐观的心态;具有较强的自控力和心理承受能力。

第五,从科学文化素质来看,空乘人员要热爱人文社会科学,具有一定的审美情趣、文化品位和人文素养。

第六,从业务综合素质来看,空乘人员在客舱服务过程中,要具备娴熟的服务技能、应急处理能力、人际交往能力和语言表达能力等等。

3. 综合分析

通过如上分析,我们认为,爱岗敬业、身心健康、良好形象、人文素养、专业知识以及安全管理能力、人际交往能力、应急处理能力等8项胜任力要素是对空乘人才岗位胜任力的基本描述。

我们在此进行进一步提炼,把如上8个要素概括为知识结构、职业技能和职业道德三个方面来讨论空乘人才的岗位胜任力,并把它们作为空乘人才的培养目标,是高校和企业合作办学的终极目标,此外,通过实际调研,与其他行业相比,空乘服务人员的身体素质也是满足其岗位胜任力的一个非常重要的要素。也就是说,使空乘学生在知识结构、职业技能、身体素质和职业道德层面上得到提升,从而能够满足航空公司的用人的需求,而与其他层次比如专科层次的人才培养相比较,在专业技能即客舱服务的能力上,二者没有太大的区别,但在其他层面上,本科层次的空乘人才培养要严格和质量要求的把控要高一些。在校企合作背景下,高校本科空乘人才培养目标是综合高等教育的规律和航空公司的需求而确定下来的。

(二)知识结构

知识的掌握是技能形成的基础,我们无论想要获得何种技能,必然先要掌握与之相关的知识。作为本科层面的空乘人才的培养,其知识结构的组成既包括专业知识,也应该包括通识教育层面的知识结构,这是本科层次与专科层次及中专层次空乘人才培养的核心区别。我们把高校空乘人才培养的知识结构层面要达到的目标概括为三类:一类是高校普遍性的通识教育层面的知识,这是影响职业态度、职业价值观等的重要要素;一类是与空乘人才职业技能相关的知识结构,这是帮助空乘学生掌握职业技能的基础;一类是与行业及航空企业相关的知识结构,这是保证空乘人才技能充分实现的关键。

1. 通识教育层面的知识

通识教育层面的知识通过通识教育获得。"通识教育,就是培养人的内核能力的教育。如果说专业教育提供的是具体学科知识的深度教育,通识教育提供的则是基础知识的广度教育。这种宽广的知识教育能够帮助学习者了解自己与社会、了解文明与文化、了解科学与技术、了解过去与未来,从而逐步建立一套完整的知识体系框架。基于通识教育学习,学习者能够逐步形成自己的知识体系、价值理念、分析方法和认知能力,无论面对各种社会现象还是具体现实问题,都能够独立思考、全面分析,既能够享受到内在的愉悦又能够获得外在的认知,这是其沉淀人生厚度与获取未来幸福的基础。"[73]

在我国高校,可以通过两类课程获得通识教育层面的知识,一类是国家统一规定的公共基础必修课程,通过这类课程的学习,可以获得社会、国家发展,自身道德品质修养等方面知识,有利于培养学生把自己的职业与国家、社会的发展结合起来。

一类是素质拓展课程。素质拓展课程有两类,一类是必修课,一类是选修课。通过这些课程的学习,可以获得一些有利于未来求职以及职业发展的知识。当然,对于校企合作的高校来说,还有必要开设与合作航空公司有关的必修课程,比如该航空公司的历史发展、现状及航空文化等等,这些知识的获得有助于学生早日形成对航空公司的认同。选修课则是由学校开设出来,由学生自行进行选修的课程。比如《中国传统文化概论》《茶文化》《礼仪文化》等等,每个学校都可根据学校特色和专业特色开设选修课。比如有的学校就开设了《摄影基础》《书法赏析》等课程,学生通过选修这些课程以拓展文化素养,提升职业素养,这也是本科层次空乘人才培养优化于中专和大专层次的地方。

2. 专业知识

使学生在受教育期间获得相关的专业知识,是帮助其掌握相应的职业技能的基础。空乘人才应该获得如下专业知识。

第一,有关于职业认知的知识。比如通过课程教育和一些实践活动,使学生获得有关于民航历史及发展、民航组织、飞机分类及空乘职业特征与要求等的知识,有助于学生对其未来要从事的职业有一个初步的认识。

第二,有关于职业技能的知识。如学生要获得职业形象、民航服务礼仪、客舱布局、空乘服务沟通与客舱广播、机上应急设备、民航客运规则、民航专业英语、危险品常识、旅客心理、机上餐食服务理论等的理论知识,为职业技能的掌握奠定坚实的基础。

第三,有关于提升职业技能的相关知识。比如通过《形体训练》《化妆基础与形象塑造》《语言正音》《游泳与救护》《旅游服务心理学》《公共关系学》《安全防卫》《手语基础》等课程相应的知识,为提升专业技能奠定基础。

第四,与培养单位学科相关的知识。有些学校根据本校空乘人才归属的学科背景还开设了一些与该学科相关的课程,比如南昌航空大学空乘人才培养归属于表演专业,所以开设了一些与表演专业相关的课程,如《影视与戏剧表演》《茶艺表演》《歌唱与表演发声基础》《表演基本理论与技巧》《文艺演出的组织与管理》。通过这些课程学习,可以获得与表演相关的知识,这为学生拓展就业去向提供重要的基础。

3. 与行业相关的法律法规知识

法律法规的制定是为了更好地保障社会秩序的良性运行,民用航空活动的安全有序运行也需要一定的法律规章进行保障。对于这些法律法规知识的掌握,有助于学生在未来的职业活动中既明白自己的权利与义务,也清晰他人的权利与义务。一般来说,涉及民用航空活动的法律法规有如下几类:国际公约,国家法律,行政规章,民航规章,咨询通告。

学生在校期间能够充分了解相关的法律法规知识,有助于未来职业活动中规范自己行为的同时,也可以有效地处理突发的违法违规行为。同时,对于与航空公司有合作的高校,还可以给学生讲授合作航空公司的相关管理条例,有助于学生将来快速适应航空公司工作。

总之,通过如上课程的学习,学生应该掌握机型及客舱设备使用基础知识、客舱安全救护常识、客舱服务流程及内容、客舱相关应急设备使用的知识、客舱旅客服务技巧、客舱广播、个人形象塑造基本知识、民航法规、服务心理学以及与职业道德、职业精神培养相关的知识等等。

(三)职业技能

相关知识的获得为技能的掌握与熟练提供了坚实的基础。我们从专业技能和其他职业能力两个角度来讨论空乘人才职业技能的培养。

1. 专业技能

其一,空乘学生要具备熟练操作客舱设备的能力。一般来说,客舱设备操作主要包括自备梯、机门和出口操作,客舱服务设备操作,客舱应急设备操作等。

首先,要具备自备梯、机门操作能力。能够熟练操作以下设备:①自备梯操作。包括客舱内部打开自备梯、客舱内部收起自备梯、客舱外部打开收起自备梯。②机门操作。包括客舱内部打开机门、客舱内部关闭机门、客舱外部打开关闭机门。③滑梯预位操作。④解除滑梯预位操作。⑤机门故障处理等。

其次,要具备客舱服务设备操作能力。能够熟练操作以下客舱服务设备:①厨房设备操作。包括烤箱操作、煮水器操作、烧水杯操作、餐车操作。②卫生间设备操作。包括卫生间物品安全摆放和卫生间清扫。③旅客座椅及服务组件操作。包括介绍并指导旅客使用头等舱座椅安全带、小桌板等设施,介绍并指导旅客使用经济舱座椅安全带、小桌板等设施,介绍并指导旅客使用旅客座椅上方服务组件(呼叫按钮、阅读灯、通风孔等)。④前后乘务员控制面板操作。包括灯光系统操作:客舱顶灯、窗灯、地面服务灯、工作灯、应急灯等操作,娱乐系统操作,自备梯收放操作,饮用水和污水系统检测。⑤广播和内话系统操作。包括驾驶舱通话、驾驶舱紧急通话、乘务员内话、客舱广播。⑥客舱服务设备故障处理等。

再次,要具备客舱应急设备操作能力。要熟练操作以下客舱服务设备:①

客舱救生设备操作。包括氧气面罩、氧气瓶的使用;急救药箱的使用方法。②客舱灭火设备操作。包括:水灭火瓶、海伦灭火瓶使用,防烟面罩、隔烟罩的使用,卫生间自动灭火系统,救生斧的使用方法。③紧急撤离设备操作。包括紧急撤离滑梯,翼上紧急窗口,应急发报机,应急照明、手电筒、麦克风,救生斧、救生衣、救生船的使用等。

其二,空乘学生要具备机上客舱服务能力。客舱服务有两个层面的理解,一是指按照民航服务的岗位要求,以满足乘客需求为目的,为旅客提供服务的过程。这是从职业标准最基本层次对客舱服务做出的理解。二是以客舱为服务场所,充分展示乘务员个体的职业魅力,将标准规范的技术服务与情感传递融为一体的服务过程。在这个层面,既强调了客舱服务中所不可或缺的技术服务标准,又关注了空乘服务人员的个人素质在客舱服务过程中所表现出来的亲和力,透视出的对空乘服务行业的热爱。把这两者有机融合在一起,就是空乘服务人员需要掌握的客舱服务能力。很显然,空乘人员的客舱服务能力直接影响客舱服务质量。

那么,乘务员的客舱服务能力体现为哪些方面呢? 首先是娴熟的服务技能。一般来说,乘务员在客舱内的职责主要包括:飞行前检查应急设备、服务设备,娱乐系统和客舱卫生状况并逐级报告;引导旅客就坐,协助旅客摆放行李和物品;依照乘务长下达的指令操作指令,正确操作滑梯预位装置,正确回答操作指令;旅客就坐后,以示范的形式向旅客做客舱安全介绍;飞机起飞和着陆前进行客舱安全检查;供餐时根据旅客的订餐情况或宗教信仰提供特殊餐食;保持客舱清洁,及时处理污物;检查盥洗室的卫生,及时清理和补充卫生用品;定时巡视客舱,及时为旅客提供服务,回答旅客的询问,听取旅客的意见和建议;与飞行组联系调节适宜的客舱温度;航班飞行中,发现异常情况及时向乘务长或机长报告;正确操作机上设备,合理使用机供品,执行机供品回收制度;飞机着陆前归还旅客代管的衣物,旅客下机后,将旅客座位上的毛毯整理回收等等。其次是在服务过程中表现出来的乘务礼仪。"在全国乘客话民航活动调查中,有46.2%的乘客认为空乘的优质服务有利于树立航空公司形象和提高公司的经济效益。乘务员的一切举动,包括蹲、坐、走、站,对乘客的服务方式和态度等,都直接影响着航空公司的声望。所以,空乘人员得体的礼仪对打造优质个性化客舱服务具有重大意义。"[74]在现实中,我们发现,在乘客对服务效果感到不是特别满意的时候,良好的服务态度往往可以缓解紧张的气氛,反之,如果采用糟糕的态度的话,则有可能会成为激怒顾客的诱因,引发一些不必要的麻烦。

再次是每个客舱乘务员都必须有良好的兼容性，具有团结协作的精神和强烈的集体荣誉感、高度的责任感，在工作中配合默契、团结协作，这也是客舱服务能力的重要体现。"据有关调查数据显示，航空公司各项考核指标中，机上服务的满意度得分最高的是空乘服务（平均分值为84%）。其中，乘客对乘务员的服务态度与技巧的满意度为86.5%，而对乘客需求的回应的满意度则为80.9%。在一般人看来，客舱乘务员的工作无非是端茶、倒水及点头问好而已，没有多高的技术含量；也有人认为客舱乘务员只要按照教科书上的规范程序操作就行了。然而，在实践中却并非如此，只局限于规范化、程序化服务很难使乘客完全满意，客舱服务还必须个性化、人性化，这样才能真正赢得乘客的心。[75]

其三，具备机上应急事件反应与处理能力。空中乘务员是面对机上突发事件的直接人员，因此必须具备应对机上突发事件的处理能力。机上突发事件是指在机舱内突然发生的、造成或者可能造成危害而需要采取应急处置措施予以应对的事件。一般来说，我们可以把机上的突发事件分为如下几类：环境危机、硬件危机和人为危机。面对不同类的危机事件，空乘人员需要有处理相应事件的能力。

第一，空乘人员需要具备处理环境危机造成的突发事件的能力。环境危机造成的突发事件分为不危害航空器安全的和危害航空器安全的突发事件。

对于不危害航空器安全的突发事件，比如，遭遇由于飞行航路中遇气流造成客舱重度颠簸的突发事件，乘务员应该采取的保护措施包括三个方面：一是保护自己，在发生颠簸时应立即、快速、就地采取抓、扶、蹲、靠、坐的方法固定自己。二是保护旅客，当突发事件发生时，要提醒旅客系好安全带，不要在舱内走动；要关注在卫生间和通道的旅客。三是防护舱内设施，比如固定好服务设备和行李等，以防发生颠簸时伤害乘务员自己和旅客。

对于环境危害航空器安全的突发事件，要掌握紧急撤离能力。比如，当飞机在飞行过程中遭受到了严重的环境危害，造成飞机不能正常飞行或降落的时候，空乘人员就要组织旅客落地后进行紧急撤离。近年来，民航飞机在飞行中遇到紧急情况返航或备降后，乘务员指挥乘客紧急撤离的情况时有发生。2019年3月5日凌晨，一架国航客机在执行从北京到洛杉矶的航线时，货舱出现火警，飞机在俄罗斯阿纳德尔机场备降，此航班乘务员在短时间内完成乘客撤离的任务。在紧急情况下指挥乘客撤离的案例屡见不鲜，据不完全统计，2011至2018年全球发生紧急撤离事件69件，近年来呈增长趋势。[76] 所以，客舱乘务员的应急处置能力对提升客舱安全与保障乘客安全具有重要意义。

　　紧急撤离也叫应急撤离,分为陆地撤离和水上撤离两种。从准备撤离的时间上可分为:有准备的紧急撤离、有限时间准备的紧急撤离、无准备的紧急撤离。

　　(1)有准备的紧急撤离。指乘务员有时间做客舱准备和进行应急广播,对旅客进行必要的说明的紧急撤离。乘务员在获得乘务长紧急迫降的信息后,第一阶段:广播通知旅客迫降的决定;通知旅客系好安全带、收直椅背、扣好小桌板、收起脚踏板;关闭娱乐系统;广播介绍脱出口位置及脱离线路;调整旅客作为;选择援助者;通知旅客解下锐利物品,放松衣服;广播表演防冲撞姿势;检查固定设备,清理出口和通道;最后确认乘务组准备工作完成后报告乘务长,最后报告机长。第二阶段:下降防止冲撞阶段。当飞机下降到500英尺时,听到机长报告"500英尺"后,乘务员必须坐在值勤位置,系好安全带和肩带;当飞机下降到100英尺时,听到机长报告"100英尺"后,乘务员必须高喊:"紧迫用力""弯腰""低头"的口令,直至飞机停稳。第三阶段:实施撤离阶段。当飞机着陆(水)停稳,乘务员听到机长宣布"撤离"命令后,立即组织旅客撤离。乘务员要判断飞机是否完全停稳,观察外面情况,打开所需要的舱门和出口;确认滑梯充气状况,指挥旅客撤离,远离飞机;旅客撤离完毕,检查客舱后报告机长,随之撤离飞机,撤离时要带好必需品。第四阶段:撤离飞机后,把旅客安排在远离飞机的安全距离之外;清点旅客和机组人数,报告机长;组织救助伤者,照顾幸存者,使用求救设备。如果是水上迫降,除了完成上述任务之外,还要广播、示范、协助旅客穿救生衣;上船前将救生衣充气;营救落水者等等。

　　(2)有限时间准备的紧急撤离。指准备时间不足10分钟或更少时间的紧急撤离。乘务员在获得乘务长紧急迫降的信息后,广播通知旅客迫降的决定;通知旅客系好安全带、收直椅背、扣好小桌板、收起脚踏板;关闭娱乐系统,打开应急灯;水上迫降的话,穿好救生衣;广播表演防冲撞姿势;介绍脱出口;检查固定设备,清理出口和通道;最后确认乘务组准备工作完成后报告乘务长,最后报告机长。落地得到防撞信息的一刹那,乘务员高喊"紧迫用力""防止冲击"的口令,直至飞机完全停稳。落地后的工作与有准备的紧急撤离相同。

　　(3)无准备的紧急撤离。即没有时间做准备的紧急撤离。乘务员必须在出现第一个撞击迹象时做出反应,迅速做出判断,发出"弯腰""低头""抓住踝关节""保持低姿势"口令,直至飞机安全停稳。落地后的工作与有准备的紧急撤离相同。

　　第二,空乘人员需要具备处理机上失火的能力。当机上出现失火危机时,乘务员根据不同情况进行不同的操作。

(1)在飞机滑行时发现火情时,发现火情的乘务员要迅速判断火的类型和燃烧情况,报告机长和乘务长,通知其他乘务员。发现火情的乘务员使用灭火瓶及防烟面罩进行灭火。其他乘务员调整乘客座位,维持客舱秩序。如果火灾处在乘务员无法处置的位置或程度,如货舱或设备舱,应报告机长,确认飞机完全停稳后,组织乘客撤离。

(2)当飞机在初始起飞阶段时发现火警,发现火情的乘务员应迅速判断火的类型和燃烧情况,报告机长和乘务长。所有乘务员不要站起来灭火,自身做好安全姿势后大声命令旅客乘客"低下头,俯下身"。当机长发出"紧急撤离,撤离"的指令时,乘务员确认飞机完全停稳后指挥乘客紧急撤离。当机长发出"乘务员和旅客留在座位上"的不需要撤离指令时,乘务员到客舱安抚旅客。

(3)飞机平飞期间发生失火时,乘务员要依据如下程序进行控制:第一位发现火情的乘务员要做出迅速正确的判断,立即将火情通知第二乘务员,同时根据火的类型A类(纸,木,纤维),B类(油脂类),C类(电器类)选用适当的灭火瓶进行灭火;第二位乘务员立即报告机长并通知其他乘务员,取适当的灭火瓶,带好PBE回到火区给予支援,同时要保持与驾驶舱的联系。切断受影响区域的电源。如客舱内有浓烟,要求乘务员调整旅客座位,并提供湿毛巾让旅客捂住口鼻处,通知旅客低下头,俯下身。如有需要请机长进行排烟程序。乘务员到客舱安抚旅客。其他乘务员移走火区的易燃易爆物品。

(4)机上不同区域发生失火,乘务员依据相应程序进行处置。厨房区域失火,乘务员应该:a.烤箱失火:切断烤箱电源,侧身开启烤箱门,释放1211灭火瓶,关上烤箱门。B.餐车,配电板和储物柜失火:切断厨房电源,用1211灭火瓶灭火。C.垃圾箱失火:用1211灭火瓶或是倒入咖啡、茶水、饮料,关上门。洗手间,衣帽间区域失火,区域乘务员用手触摸门的温度,然后做以下处置:a.感觉门是热的,取就近的1211灭火瓶,将门用防火斧劈开一条缝,门缝大小可以将灭火瓶喷嘴插入即可,释放整瓶灭火剂,将门关好,准备另一瓶1211灭火剂,10分钟后触摸如果还是热的,按照上述方法继续灭火。B.感觉门是冷的,在门旁蹲下,将门推开一条缝,观察门里的情况,确定可以进入洗手间后,用手感觉壁板内火源的位置,使用1211灭火瓶。有烟雾时要使用PBE,无法判断火源位置时,向洗手间内释放整瓶1211后将门锁上,随时注意观察。C.衣帽间失火与洗手间失火处置方法基本一致。如感觉门是冷的可以将门内未燃烧的衣物挪至其他地方,但是不可移动已经燃烧的衣物和物品。

(5)灯和客舱壁板内失火,区域乘务员做以下处置:a.将附近的旅客调整到安全区域,报告机长并关闭该区域的电源。B.从驾驶舱内拿出防火斧,有烟雾时戴上PBE。C.用手触摸最热的地方,凿出一个小孔,可以将灭火瓶喷嘴插入即可,使用1211灭火瓶。D.准备好另一瓶1211灭火剂,10分钟后触摸如果还是热的,按照上述方法继续灭火。

概括起来,机上失火乘务员组成三人灭火小组:一名负责灭火,一名负责报告,一名负责援助。然后寻找火源确定火的性质,切断电源,取用就近的灭火瓶并佩戴防烟面罩,向机长报告,收集所有的灭火设备,监视情况确保无余火。灭火者负责观察烟火,取就近灭火瓶灭火,呼叫和发出信号给其他乘务员。通讯员通过内话向机长通报火情,包括颜色、烟浓度、味道、火源、火势、对旅客影响,乘务员采取行动,保持不间断与驾驶舱联系,准备好辅助灭火设备,做好第二次灭火准备。援助者收集其余的灭火瓶和防烟面罩,做好接替灭火者工作,负责监视防烟面罩的使用时间,负责监视余火保证其无复燃可能。乘务员在客舱灭火时,要保持驾驶舱门关闭,搬走火源区域易燃物质,始终保持与驾驶舱联络,随时准备撤离旅客,保持旅客情绪镇定。

第三,乘务员必须具备客舱释压的处置能力。在飞行过程中,飞机客舱如果内部的压力过大,会损伤到机体结构,因此,当客舱内部和外部压差过大的时候,客舱就会释压。客舱释压由于引发原因不同分为缓慢释压(逐渐失去客舱压力)和快速释压(迅速失去客舱压力)。

乘务员首先应迅速准确地对释压进行判断。缓慢释压的特征是:机上人员发困和感到疲劳;氧气面罩可能脱落;在门和窗周围可能有光线进入;耳朵不舒服,有打嗝和排气现象。快速释压出现的特征是:飞机结构突然损坏,并出现强烈震动;有物体在舱内飘飞,可能出现灰尘;冷空气涌入客舱,客舱内温度下降;有很响的气流声及薄雾出现;压耳痛,氧气面罩脱落,飞机作大角度的紧急下降;失密警告灯亮;禁烟灯和安全带指示灯亮。

当遇到这类情况时,乘务员应立即戴上最近的氧气面罩吸氧,坐在座位上,系好安全带。然后呼喊、指示旅客系好安全带、拉下氧气面罩、先大人后小孩、不要吸烟。当飞机到达安全高度以后并且飞行机组已宣布可以完全走动之后,乘务员应背上手提式氧气瓶,首先要护理急救机组,然后护理失去知觉的旅客和儿童,再去照顾其他旅客。对那些严重缺氧的旅客,乘务员要提供手提式氧气瓶或指导他们继续使用余氧。最后还要去检查卫生间内有无旅客,检查舱内有无火灾隐患。安抚旅客后,向机长报告客舱情况。

第四,空乘人员要具备紧急救护能力。任何一架飞机上都备有急救箱和应急医疗箱,在紧急情况下供旅客和机组人员使用。当旅客在机舱内突发病情的时候,乘务员要具有急救的能力:机上急救平卧位,下肢应略抬高,以利于静脉血回流。如有呼吸困难可将头部和躯干抬高一点,以利于呼吸道通畅,尤其是对于休克伴昏迷者,要将病人颈部垫高,下颌抬起,使头部最大限度的后仰,同时头偏向一侧,以防呕吐物和分泌物误吸入呼吸道。在这个过程中,注意给体温过低的休克病人保暖,盖上被、毯,而对伴发高烧的感染性休克病人,则应给予降温。对因创伤骨折所致的休克病人,同时要给予止痛,骨折固定,如果伴有烦躁不安的,可给予适当的镇静剂;对心源性休克的,则要给予吸氧等。

第五,具有处理非法干扰航空器安全突发事件的能力。对于发生在客舱内的可能危及飞行安全的突发行为,乘务员在及时将情况报告机长的同时,以保卫旅客及航班的安全为原则,沉着冷静地控制航班上的不正常情况,安抚旅客的情绪,并且运用沟通技巧和防卫技巧化解不法行为。

2.其他职业能力

专业技能是职业行为的基础,而除此之外的其他职业能力是职业行为有效实现的重要辅助力量。

第一,得体的客舱服务礼仪。应该说,在整个飞机飞行的过程中,空乘人员在某种程度上就是航空公司的主要形象的化身,优质的客舱服务可以更好地展现空乘公司对乘客的尊重和关注,其中,空乘服务礼仪在其间起到非常重要的作用,它是对空乘服务质量进行提升的重要环节,不仅能完善空乘服务流程,同时对于整体服务水平的提升也有着重要影响。空乘人员得体的客舱服务礼仪包括如下几方面。

一是优异的外在形象。在航空运输过程中,外在形象如何是旅客对空乘人员最直观的印象,优异的外在形象是形成独特气质的基础,空乘人员可以在外在形象为依托的背景下,优化自身修养,体现其独特的气质,从而提升旅客对空乘人员的良好印象,同时有利于和谐的乘旅关系的形成,所以,空乘人员在执行飞行任务的同时应该选择更为清新、自然的装束,妆容淡雅,表达大方,这也是当前社会对空乘服务礼仪提出的重要要求。[77]

二是合适得体的服饰。服饰的穿戴不仅能对人物性格、修养进行展现,还能在一定程度上展现人的审美,甚至是展现航空公司的形象。因此,各大航空公司都根据自己的企业文化,对空乘服务人员的服饰进行个性化的设置,希望通过服饰来展现其良好的服务礼仪,展现其优秀的企业文化,以此在提升客舱服务质量的同时,增强航空公司的竞争力。

三是良好的亲和力。亲和力最早源于化学领域的一个概念,特指一种原子与另外一种原子之间的关联特性,后来越来越多地被用于人际关系领域,当某人对让另外一人感受出具有特别友好的表示的时候,通常就形容这个人具有亲和力。双方都表现出有亲和力的特质的话,这种友好表示容易带来一种合作的意识和趋向意识,产生共同作用的力量。员工亲和力的强弱历来为企业家所重视,良好的亲和力能拉近员工与客户之间的心理距离,从而带来最大化的管理效能和经济效益,这也是企业的最终目的。亲和力能够在与陌生人之间的沟通和交流中,建立起一座信任的桥梁,而信任的建立会有效地消除人与人之间交流的难度,亲和力成为服务行业从业人员必备的素质。与陌生人沟通和交流是空乘职业的典型特征,或者说,空乘的服务对象就是一批一批的陌生人。高品质的服务,就是空中乘务员在有限的服务场所——飞机客舱里,将有形的技术服务与无形的情感传递融为一体。这就要求空中乘务人员不但要按照要求为旅客提供基本的服务,还需要提高个人素质与外在形象,需要在服务过程中表现出个人魅力与亲和力。所以,空乘的职业特点决定了亲和力是其必备条件。

真正的亲和力是人与人在交往过程中产生的一种心理默契。空乘人员的亲和力就是在客舱服务过程中和旅客之间产生的一种极为友好的心理默契。它会通过一些小小的举动传达给旅客,比如一个职业性的微笑,就有可能在短时间内打消旅客的紧张情绪,给人一种更为亲和的感觉,给旅客传达更为友好的善意。

在服务中过程中具有亲和力的乘务员更容易被旅客接受,也更能化解客舱内的矛盾。因此,亲和力是做好民航服务工作的前提,是每一位合格的空乘必需具备的潜质。

第二,语言沟通能力。语言交流是空乘人员与乘客之间沟通使用的最频繁也是最直接的方式,乘务员为旅客提供服务、机组成员之间的沟通交流等等都离不开语言,优秀的语言沟通能力是做好乘务工作的前提。付晗在《空乘人员语言魅力塑造路径探讨》一文中,详细论述了空乘人员语言魅力在职业活动中所起到的重要作用。她认为,面对相对安静的高度密封的、乘客的情绪很容易受到外界牵动的机舱空间,空乘人员在服务过程中不仅要注意控制声音音量,温柔而不失力度,还要注意措辞不能太冗长复杂,而是要用尽量简洁明了的语言与乘客进行有效沟通交流,传达有用信息,以防引起乘客情绪上的反感;面对对服务有不满,但不会主动说出不满原因的乘客,空乘人员如果主动与乘客进行沟通,运用不同的语言表达技巧,引导乘客说出不满的原因,就能切实有效地解决问题,同时也让乘客感受到空乘人员在服务过程中对他们真诚的关心,从而获得心理上的安慰和满足,加深对空乘人员以及航空公司的好感。面对一些突发事件发生时,比如遇到恶劣天气,机身会发生剧烈摇晃,乘客在不了解原因的情况下恐慌时,空乘人员需要沉着冷静地在尽可能短的时间内跟乘客解释造成这一现象的原因,用坚定而有力的声音安抚乘客情绪,给乘客带来足够信任感而更加配合工作。此外,空乘人员还需要学会适当地运用肢体语言,一些肢体语言的使用可以达到更好的服务效果,例如,礼貌性弯腰、颔首、微笑等都是对乘客表示尊敬与欢迎的常用肢体语言,在对乘客情绪进行安抚时,也许一个坚定的握手给予乘客的心理安慰胜过千言万语。[78]

同时,空中乘务是个窗口行业,在服务的过程中我们可能会要遇到一些国际友人,所以,除了掌握标准的汉语普通话之外,还需要掌握作为世界通用语言的英语,甚至还可以掌握一些专线上的语言,比如日韩线上的日语、韩语等等。

第三,心理承受力,即抗压能力。"心理承受能力是个体对逆境引起的心理压力和负性情绪的承受与调节的能力,主要是对逆境的适应力、容忍力、耐力、战胜力的强弱。一定的心理承受能力是个体良好的心理素质的重要组成部分。"[79]

工作于服务行业的空中乘务员承受着来自于多方面的压力。其一,来自航空公司严格管理的压力。一方面,航空公司要对空乘人员进行严格的业务考核和积分考核。很多航空公司要求空乘人员定期参加公司的业务培训和考试,并实行每月量化积分考核制度,根据空乘人员工作表现进行加减分,与工资绩效挂钩;另一方面,航空公司对空乘人员有严格的投诉处罚管理。空乘人员服务质量的优劣直接关系到公司的品牌和声誉,关系到旅客是否愿意持续选乘该航空公司航班,也就直接影响到航空公司的经济利益,所以,所有航空公司都非常重视空乘人员的服务质量。而旅客的投诉就代表空乘服务存在问题,就意味着对航空公司利益的消极影响。由此,空乘人员就承受着来自对被投诉处罚的极大的心理压力,因为一旦空乘人员因服务态度问题遭到旅客投诉的话,被投诉的空乘就会受到严厉处罚,有时甚至可能会连累到全组成员扣分。由此看来,航空公司严格的投诉处罚管理对空乘人员带来了巨大的心理压力。其二,来自旅客素质差异及服务要求不断提升的压力。随着人们生活水平的提高和民航业的充分发展,很多旅客开始选择乘坐飞机出行。在这些旅客中,有不少素质低下,比如反复提醒的不正常使用电子设备的旅客,孩子大哭大闹影响他人休息而不管不问的旅客;还有一些坐在商务舱享受 VIP 服务的旅客,对服务质量相对要求较高。面对这些旅客,空乘人员都有承受着担心客舱服务不到位,从而引起他们的不满进而投诉的心理压力。其三,来自于突发事件带来的心理压力。突发事件往往是不可预料的,比如,由于天气、流量控制等种种原因导致航班延误的事件,乘客在飞行过程中突发身体不适等等,乘务员就要面对如何有效处理突发事件带来的巨大的精神压力。

良好的心理承受来源于三个方面:一是冷静的思维品质。二是积极的情感品质。三是顽强的意志品质。沉着冷静的思维品质可以让人在困难面前保持清醒理性的认识,从而做出正确的判断。空乘服务员工作的空间场所有其特殊性,当发生紧急事情的时候也比别的职业空间场所处理起来更为艰难,沉着冷静是化解紧急事情的最好品格。积极的情感品质包含人的爱心、热心、宽容和容忍的品质。空中乘务员需要满足飞机上旅客的各种合理的甚至不合理的需求,不可避免地会遭遇各种矛盾,只有带着爱心、耐心的态度,问题才可能得到优化解决,比如当遇到航班飞行不正常、旅客突发疾病、飞机突然遭遇不正常天气等等,都需要空中乘务员以极大爱心和耐心来疏导旅客。顽强的意志品质能够克服职业活动中的种种困难,用良好的承受力和受挫力对待面对的问题,对待承受的工作压力,甚至做到化压力为动力,积极挑战工作中的难题。

所以,空乘学生良好的心理承受力,良好的抗压能力的培养要从培养冷静的思维品质、积极的情感品质和顽强的意志品质出发。

3. 可持续学习能力

学习能力是一种可持续发展能力,是指个体运用科学的学习方法获取信息,加工和利用信息,分析和解决实际问题的一种个性特征。

一方面,可持续的学习能力能够帮助个体尽快适应不断变化的职业环境。刚进入职场的个体需要较强的学习能力,这样就能很快进入角色,履行岗位职责;而要更好在岗位上有得心应手的或者是追求更好的发展空间,则更需要可持续的学习能力。空乘的职业是服务行业,每天面对不同的复杂人群,并且是在飞机客舱的狭小空间里,尤其是在高空,突发事件的发生带来的风险也特别大,所以,对空乘人员在特别的情境中处理事情的能力和水平的要求也就特别高,自然就需要空乘人员具备较强的学习能力,以更好地适应空乘服务的岗位。

另一方面,服务业的快速发展带来了职业岗位的变化,新的岗位快速涌现,而旧的岗位逐渐消失或者被取代,对于学生来说,可持续的学习能力是适应职业变迁的重要能力,如何让学生充分认识服务型人才的职业变迁是教学中必然面临也必须进行思考的问题。这个现象对于空乘学生未来要从事的空中服务职业来说更为典型。在我国,一般情况下,空乘人员在飞机上服务的年限受其年龄的限制,到了相应的年龄,岗位分流成为必然。若不能升职或者也不愿意接受公司分流意见的空乘人员,就面临再次择业的问题。那么,如果具有可持续的学习能力,就能化解职业变迁过程中面临的困难。

注重实训教学可以提升空乘学生的可持续学习能力。首先要从理念上重视实践教学。航空公司之间的竞争实质上是人才之间的竞争,空乘人员的服务量与专业素养决定了其能否为广大乘客提供优质高效的服务,能否不断提高客户满意度而抢占更大的市场空间。因此,空乘学生的服务实践能力培养是根本。所以,在教学过程中,要明确实践教学的重要性,以当前的职业需求为导向确定科学合理的实践教学目标。要在对以往教学过程中的弊端问题进行优化,调整好理论教学与实践教学之间的比例关系,增加学生更多实践训练的机会与时间。其次,要提高实践教学内容的针对性与实用性。不仅要在实践教学内容当中开展常规教学,还要结合当前社会对空中乘务人员的实际要求增添新的教学内容,例如客舱服务能力训练、突发事件应急能力训练等等。教师还要结合教学需求,利用情境教学方法,例如在模拟机舱中进行实践训练,促进学生服务意识、服务规范、服务标准以及应变能力的全面提升,以便学生在未来的工作岗位中遇到类似情况可以从容地进行处理。再次,要完善实训基地的基础设施。建立一个健全完善的实训基地为实践教学提供支撑,是培养空乘学生具备较强综合实践能力的基础。在健全的实训基地里,专业教师才能更好地开展相关教学活动,学生有针对性的学习实践活动也更有效。在实训过程中,学生在学习中的薄弱环节就会得到充分暴露,也才能得到及时的弥补。比如,一个真实的机舱模拟环境,可以为空乘学生提供在实际飞行途中可能遇到的各种状况的实操训练,使学生能够亲自体验到未来工作时所遇到的实际环境,既提升了未来的就业能力,也坚定了工作信念和职业发展信心。

（四）身体素质

空乘人员身体素质上的要求主要包括身体健康状况的要求和体能的要求。空中乘务作为服务行业自然需要身体健康,身体健康是服务行业最基本的要求。而且,空乘人员长期在高空环境中工作,需要长期承受高空气压的变化,这就要求空乘人员必须有健康的身体和优质的体能来适应工作环境。

1. 空乘人员从业身体健康要求

在中国民用航空总局发布的《中国民用航空人员医学标准和体检合格证管理规则》中对空中乘务员的身体健康标准予以了非常明确的规定,"乘务员在履行职责时必须持有Ⅳa级体检合格证",Ⅳa级体检合格证的取得要满足如下条件。

一般条件:应当无下列可能影响其行使执照权利或可能因行使执照权利而加重的疾病或功能障碍:其一,心理品质不良。其二,先天性或后天获得性功能异常。其三,可能造成失能的活动性、隐匿性、急性或慢性疾病。其四,创伤、损伤或手术后遗症。其五,使用处方或非处方药物而造成的身体不良影响或不良反应。

在精神科方面,应当无精神病、物质依赖或物质滥用,人格障碍、精神异常或严重的神经症的明确病史或临床诊断。

在神经系统方面,应当无癫痫、原因不明或难以预防的意识障碍,可能影响安全行使执照权利的颅脑损伤及其并发症或其他神经系统的明确病史或临床诊断。

在循环系统方面,应当无心肌梗塞、心绞痛、冠心病,严重的心律失常、心脏瓣膜置换、永久性心脏起搏器植入、心脏移植,收缩压持续超过155毫米汞柱(mmHg)或舒张压持续超过95毫米汞柱(mmHg)及其他可能影响安全行使执照权利的循环系统疾病的明确病史或临床诊断。

在呼吸系统方面,应当无活动性肺结核、反复发作的自发性气胸、胸部纵膈或胸膜的活动性疾病,影响高空呼吸功能的胸廓塌陷或胸部手术后遗症及其他可能影响安全行使执照权利的呼吸系统疾病,创伤或手术后遗症等呼吸系统疾病或功能障碍。

在消化系统方面,应当无可能导致失能的疝、消化性溃疡及其并发症,可能导致失能的胆道系统结石及其他可能影响安全行使执照权利的消化系统疾病或手术后遗症。

在传染病方面,应当无病毒性肝炎、梅毒、获得性免疫缺陷综合征(AIDS)、痢疾、伤寒、人类免疫缺陷病毒(HIV)阳性、乙型肝炎表面抗原阳性及其他消化道传染病的病原学检查阳性及其他可能影响安全行使执照权利或他人健康的传染性疾病。

在代谢、免疫及内分泌系统方面,应当无需用药物控制的糖尿病及其他可能影响安全行使执照权利的代谢、免疫和内分泌系统疾病。但使用不影响安全行使执照权利的口服降血糖药物控制的可合格。

在血液系统方面,应当无严重的脾脏肿大或可能影响安全行使执照权利的血液系统疾病。

在泌尿生殖系统方面,应当无有症状的泌尿系统结石、严重的月经失调、肾移植及其他可能影响安全行使执照权利的泌尿生殖系统疾病、手术后遗症或功能障碍无下列泌尿生殖系统疾病或临床诊断。

在骨骼、肌肉系统方面,应当无影响安全行使执照权利的骨骼、关节、肌肉或肌腱的疾病、损伤、手术后遗症及功能障碍。其身高、臂长、腿长和肌力应当满足行使执照权利的需要。

在皮肤及其附属器方面,应当无影响安全行使执照权利的皮肤及其附属器的疾病。

在耳、鼻、咽、喉及口腔方面,应当无难以治愈的耳气压功能不良、前庭功能障碍、言语或发音障碍及其他可能影响安全行使执照权利的耳、鼻、咽、喉、口腔疾病或功能障碍。

在听力方面,应进行低语音耳语听力检查,每耳听力不低于5米。

在眼及其附属器方面,应当无视野异常、色盲、夜盲及其他可能影响安全行使执照权利的眼及其附属器的疾病或功能障碍。

在视力方面,每眼矫正或未矫正远视力应当达到0.5或以上。如果仅在使用矫正镜(眼镜或接触镜)时才能满足以上规定,在行使执照权利时,应当配戴矫正镜,且备有一副随时可取用的、与所戴矫正镜度数相同的备份矫正眼镜。[80]

2. 空乘人员从业体能素质

空乘人员从业的体能素质要求是由其工作特点所决定的。其一,空乘人员工作期间持续时间比较长,缺乏生活规律性,比如飞早班的空乘人员夜里4点或者5点必须起床准备,晚班的空乘人员表示下午3点、4点上班,基本上要到四五点才能休息。其二,空乘人员基本上是在机舱里工作,工作空间比较狭小,工作负荷较大,且承受一定的心理压力。其三,空乘人员在工作期间有标准的身体姿势和动作要求。米洁对空乘人员在工作期间的站姿、走姿、坐姿、蹲姿的要求做了一个整理。[81]

空乘人员站姿基本要求
1.要求站立端正,身姿挺拔、体态优美、端庄典雅。
2.抬头:平和自然拢、并直"丁"字型脖颈挺直,头顶上悬,双肩放松,气沉丹田,双目平视,嘴唇微闭,下颌微收,面带微笑,双臂自然下垂,贴于体侧或身体前后,两脚跟靠拢,脚尖分开,女士45度,男士呈45-60度,呈"V"两腿并字型或身体重心落于两腿。
3.脊柱后背立直,臀肌腹肌收紧,胸部略向前上方挺起。

空乘人员坐姿基本要求
1.入座轻稳、动作协调、动作文雅。
2.落座后上身自然放松、收腹立腰。
3.上身略微前倾、朝向服务的对象。
4.头正颈直、下颌微收,双目平视前方或注视对方。
5.双肩平齐、放松下沉。
6.双膝并拢。
7.两臂自然弯曲,双手交叉放于腿部。
8.要求座椅子的2/3处,若坐的太少会给人随时离开的信号。

空乘人员走姿基本要求
1.上身保持基本站姿。
2.起步时身体稍向前倾3-5度,身体重心落在前脚掌,膝盖挺直。
3.两臂以身体为中心,前后自然摆动。前摆约35度后摆约15度。手掌心向内指关节自然弯曲。
4.步幅适度,女员工步幅一般不超过30厘米。

空乘人员蹲姿基本要求
1.交叉式蹲姿(以右脚在前为例):右脚至于左脚的左前侧,顺势下蹲,使左腿从右腿后面向右侧伸出,两腿呈交叉状;下蹲后右小腿垂直于地面,右脚全脚着地,左脚脚跟抬起脚掌着地;两腿前后靠紧,合力支撑身体;臀部下沉,上身稍前倾。
2.高低式蹲姿(以右脚在前为例):下蹲时右脚在前,前脚着地;左脚稍后,脚掌着地,后跟提起;左膝低于右膝;臀部下沉,身体重心由右腿支撑。

从表面上来看,空乘人员工作期间的这些姿势是一种服务礼仪,但从另外一个角度来看,这种要求比较严格的服务姿势的保持是需要依靠一定的体能才能实现的,而且,空乘人员工作的持续时间比较长,更需要足够的体能来维持。

（五）职业道德

"所谓职业道德,就是同人们的职业生活紧密联系的、具有自身职业特征的道德活动现象、道德意识现象和道德规范现象;它是社会道德在职业生活中的具体化。"[82]2001 年,中共中央颁布的《公民道德建设实施纲要》中指出:"职业道德是所有从业人员在职业活动中应该遵循的行为准则,涵盖了从业人员与服务对象、职业与职工、职业与职业之间的关系。随着现代社会分工的发展和专业化程度的增强,市场竞争日趋激烈,整个社会对从业人员职业观念、职业态度、职业技能、职业纪律和职业作风的要求越来越高。要大力倡导以爱岗敬业、诚实守信、办事公道、服务群众、奉献社会为主要内容的职业道德,鼓励人们在工作中做一个好建设者。"[83]2019 年,中共中央、国务院颁布的《新时代公民道德建设实施纲要》中进一步强调:"推动践行以爱岗敬业、诚实守信、办事公道、热情服务、奉献社会为主要内容的职业道德,鼓励人们在工作中做一个好建设者"[84]。社会经济的发展带来了人才竞争程度的加剧,企业对高校毕业生的要求也越来越高,除了注重学生的专业技能外,很多企业还特别关注他们的职业道德素质,并将诚信、敬业、责任感作为招聘员工的重要依据。根据时代特征和社会发展需求,并结合校企合作这个大背景,我们把空乘人员应该具备的职业道德内容具体从如下几方面进行诠释。

1. 敬业乐业的精神

爱岗乐岗、忠于职守的敬业精神是社会主义职业道德的基础和核心,是社会主义职业道德建设所倡导的首要规范。所谓敬业精神是人们在对自身职业理性认识的基础上产生的一种价值取向,具体表现为"一个人对其职业的崇敬、虔诚、敬畏、热爱、开拓创新、忠于职守、勤奋认真、锲而不舍、精益求精的理想状态"[85]。由此我们可以把敬业精神理解为一种工作情感、一种工作态度、一种道德要求。一种工作情感传递的是对所从事职业的热爱;一种工作态度传递的是对所从事职业认真负责的态度;一种道德要求传递的是职业人所必须坚持的职业道德素养。当从业者将敬业精神融入实际的职业行为中时,敬业精神可以形成一股强有力的作用,在促进个体职业行为的良性发展的同时,也有力地推动了社会的发展。

绝大多数企业人力资源都把敬业精神作为衡量员工素质的重要考量因素。空乘人员的工作环境主要是在飞机客舱,客舱服务空间狭小、旅客多样、服务项目繁多,加上高空作业,劳动强度相当大。长年累月在封闭的客舱工作及其所带来的各种压力,需要空乘人员有一颗敬业、乐业的心,要有强烈的敬业精神。空乘人员的敬业精神就是基于对空中乘务这份职业的热爱而产生的全身心投入职业活动过程中的精神,具体表现为,在空乘服务工作中展现出的饱满的工作热情,优秀的职业道德和奉献、忠诚、进取的人格品质。

2. 信守承诺的诚信品质

诚实守信是社会主义职业道德的重要规范,也是市场经济体制中从业者应该遵循的最基本规则,从业人员要恪守诚信的相关准则,如忠诚老实,真实无欺,兑现承诺等。

空乘人员信守承诺的诚信品质,一方面要对服务的对象旅客诚实守信,不欺骗旅客,兑现对旅客做出的承诺;另一方面要对自己所归属的航空公司忠诚,忠于企业规范,忠于企业文化,始终把维护企业信誉放在工作的首位。

3. 服务乘客、奉献社会的责任意识

服务群众指一切从服务对象出发,尊重服务对象的利益,满足服务对象的要求,为服务对象提供高质量的服务。奉献社会则是服务群众的最高表现,即从业人员全心全意为社会和他人做出贡献。服务群众和奉献社会本质上是一种责任意识。1972年,联合国教科文组织在《学会生存》中指出,教育发展方向之一,就是要使每个人承担起包括道德责任在内的一切责任。

对于空乘人员来说,树立良好的服务意识就是其服务群众、奉献社会的生动体现。"服务意识是指企业全体员工在与一切企业利益相关的人或企业的交往中所体现的为其提供热情、周到、主动的服务的欲望和意识。即自觉主动做好服务工作的一种观念和愿望,它发自服务人员的内心。"[86]民航业从本质上来说就是服务业,航空公司要为旅客提供安全、快捷、舒适的服务旅程,空乘人员就在这服务旅程中扮演着不可或缺的角色。空乘人员优良的服务意识就是自觉地为乘客提供具有亲切感、舒适感、方便感、安全感以及受众尊重感的服务。其优良的服务意识表现为:其一,懂得各种服务礼仪。注重礼仪是乘务工作最重要的基本要求之一,它体现了空乘人员的文化修养和职业素质,是优良

的服务意识的体现。空乘人员的礼仪在外表上表现衣着整洁端庄,仪容清新靓丽,给人以稳重大方、高雅和谐的感受;在语言上表现为谈吐文雅,语气谦和;在行动上表现为主动服务、变通服务、爱心服务和激情服务。其二,具有良好的服务态度。服务态度即指空乘人员对顾客的情感和行为倾向,是服务意识的具体表现,其表现出来的行为有:工作认真负责;待客热情耐心,不管服务工作如何繁忙,都不会产生厌烦情绪,对顾客的抱怨和不理解要耐心倾听,并用委婉的语气,心平气和地加以解释;做事积极主动,细致周到,要把握服务工作的规律,积极主动提供各种服务,善于观察和分析客人的心理,懂得从客人的神情、举止中揣摩客人的需求,力求服务工作体贴入微,使乘客满意。

4.遵纪守法、办事公道的规则意识

遵纪守法、办事公道是指从业者在职业实践中自觉遵守法律和法规,遵守职业纪律,在处理事情的过程中能坚持原则,遵从公平公正的精神。

空乘人员在职业活动过程中,要牢固树立法律意识,认真履行法律规定的责任和义务,一方面自己坚决不做违法的事情,另一方面在面对违法事件发生时,能够坚持法律精神,以法律为准绳处理事情。要坚持公平意识,按照原则办事,以维护企业和旅客共同利益为原则进行职业活动。

第六章　完整与实效:空乘人才培养教学设计

科学的教学设计是人才培养方案实现的重要保证。从课程体系到教学方法再到人才的考核评价,是一个科学的教学设计的重要环节。

(一)重基础,强实践的课程体系

吴也显教授指出:"课程设置是为实现各级各类学校的培养目标而规定的教学科目及其目的、内容、范围、分量和进程的总和"。[87]在坚持一定的课程设置原则的基础上,理论与实操相结合的课程设置体系包括课程设置中体现的对理论知识的重视、对专业实践能力的关注和对课程实用性的重视。

1.课程体系设计原则

既重基础又强实践原则。这是本科层次与专科层次空乘人才培养在课程体系设计上的区别所在。我们前面对本科层次空乘人才与专科层次人才培养目标的区别做了分析,知道本科层次所培养出来的空乘人才是具备宽厚空乘服务与管理理论基础知识,具备较强自主学习能力,较强的终身学习及职业发展能力,能够综合运用所学知识解决职业活动中各种复杂问题的应用型人才,也即是说,本科层次空乘人才培养目标面向的是航空公司与空乘服务相关的职业群,可以是空乘服务,也可以是空乘服务管理,甚至可以拓展到教育领域和高层次礼仪服务领域等等;高职院校空乘人才培养目标面向的是具体的空乘服务岗位。基于此,二者在课程体系设置上也有区别。本科层次空乘人才的课程设置既强调课程设置的基础性和理论性,也强调课程的实践性;本科层次空乘人才的课程设置则是强调实践应用性。高校与航空公司合作培养本科层次的空乘人才,在课程体系设置上就要遵循重基础强实践的原则。

与企业无缝对接的原则。这是校企合作培养人才课程设置必须坚持的最基本原则,课程体系的设置如果脱离了企业,校企合作的人才培养将毫无生命力可言,与企业的无缝对接是课程体系设计的首要原则。这种无缝对接体现在,一方面,充分树立课程体系的设计要与企业需求对接的理念,在尊重高等学校教育规律的基础上,充分考虑企业的需求,从企业需求的角度上考虑课程体系的设计。另一方面,在课程体系设计过程中,充分融入与企业人才需求相关的要素。比如,课程的标准与空乘服务的职业规范进行对接、课程的内容要与空乘岗位能力需求相匹配等,要根据企业需求人才的核心能力确定核心课程。还要将企业的管理机制、企业文化等融入课程体系中去。

原则性与灵活性统一的原则。原则性指的是要遵循作为社会主义高等教育的办学原则,在课程体系设计过程中首先要贯彻执行国家对部分课程开设的要求,比如那些思想政治教育课程必修课,一定要开齐、开足。灵活性指的是根据人才培养需要,围绕人才培养目标尽可能地从深度、广度上开设选修课程,可以加大素质教育活动课程,让学生在活动的组织、参与、展示中培养学生个性化的素质。学校课程体系的设计在坚持原则的同时要具有灵活性。

课程评价体系多元化的原则。课程评价体系是对教学活动进行控制和调节的依据,可以促进课程教学质量的提升,可以促进教师教学水平的提升,可以促进评优评先的公平,还可以促进学生学习积极性的提高。课程体系的评价是对课程目标实现度的重要检验。单一化的评价方式会在一定程度上忽视学生的个体差异,忽视学生综合能力的认定,同时也会忽视教师在教学过程中的个性化和创造性。所以,构筑多元化的课程评价体系既有利于学生的成长成才,也有利于教师教学上的优化与创新。

多元化的课程评价体系的构建要关注如下几个维度:其一,在评价方式上,坚持质性评价和量化评价相统一。量化评价是注重对可量化的内容比如说考试成绩等进行客观测量;质性评价侧重对教育过程中评价对象所展现出的不可量化的内容比如学生的学习、学习投入等的综合描述。其二,在评价主体上,充分考虑实现全员化,构建教师、学生、企业代表等均可参与的模式。其三,在评价途径上,可以自评、互评或第三方评融合在一起进行。

2. 注重课程体系的基础性和实践性

课程设置的基础性旨在培养具有岗位胜任力的空乘人才,因此从课程设置本身到课程设置的一些环节,都要体现出实用性的特性。同时在其中也贯彻实践性的特征。

第一,要以岗位业务能力为导向来构建空中乘务人才培养的核心课程群,体现课程的实用性。为使所培养的空乘人才符合行业的准入标准,满足合作企业航空公司用人需求,高校在空乘人才培养过程中要突出对空乘人员核心业务能力的培养,因此,在课程建设上应以空中乘务岗位核心业务需求为指引,构建空中乘务人才培养的核心课程群,这些课程要体现空乘人员职业工作过程的实用性,为学生实现从学习者到工作者的角色转换奠定基础。围绕前面对空中乘务岗位业务能力的分析,我们开设的课程要体现如下职业能力的培养。

其一,要围绕培养学生优良的职业态度来开设课程。这类课程除了包括我国高校都开设的思想政治教育课程之外,还要围绕空乘人员的岗位特殊性来开设一定的必修和选修课。比如,可以开设由航空公司参与进来的培养学生航空企业文化和空乘服务精神的必修课程,可以开设一些融合中国传统优秀文化,融合中华民族优良品德的选修课程。

其二,要开设培养学生专业技能的课程。这类课程包括两类,一类是培养学生今后从事空中乘务员岗位需具备的专业基础知识的课程,包括《民航概论》《服务心理学》《服务礼仪》等等。一类是培养学生实施客舱服务工作所应具备的技能课程,包括民航客舱设备使用、客舱服务规范、机上急救与应急处置、航空安保等等。

其三,要开设培养学生提升辅助专业服务能力的课程。如开设有关语言类的课程,提升学生的语言能力。空中乘务是窗口行业,语言交流在职业活动过程中起到很重要的作用。就目前民航运输的发展来看,空乘人员不仅要具备流利的汉语语言沟通能力,还需要具备通用型的英语或者特殊航线的某种特殊语言,比如日韩线的韩语和日语等。熟练掌握除汉语之外的外语语种,能为航行过程中的国际友人提供更为亲切有效的沟通,体现出高质量的服务水平,以此促进航空公司形象的提升,促进航空公司经济效益和社会效益的提升。为了培养良好的语言沟通能力,我们既要开设提升汉语普通话的课程,如《普通话》《手语》等,也要开设提升英语的课程,如《乘务英语》等。有条件的学校还要开设一些专门航线能经常实用的语言,比如《日语》《德语》《法语》等等。

开设加强心理能力培养的课程。比如开设《医学心理学》《管理心理学》等。良好的心理能力是空乘岗位胜任力的重要要素之一。相关课程教育是提升空乘学生心理素质的重要途径,除此之外,从空乘学生的招生开始就要关注学生的心理状况,然后是学校的课程教育、拓展训练和实际锻炼的情境教育以及来自航空公司和高校培养单位的各种人文化的关心关爱的文化氛围的塑造等等,都是培养空乘学生具有良好心理素质的不可或缺的环节。

其四,要开设有关身体健康和体能训练的课程。航空服务是一项特殊的高空飞行服务行业,工作期间常常会遭遇低气压现象和高寒现象,这就对空乘人员的身体素质提出了十分严格的要求,空乘人员在工作过程中必须有足够的精力和体力,在适应环境的差异和支撑身体的同时完成工作。由于工作环境的特殊性,对空乘人员的身体素质要求就比其他行业的要求要更高,所以,在学校培养的时候,必须开设有针对性的课程对身体健康和良好体能的具备进行训练。有关身体健康的比如《航空医学基础》《空中旅行医学常识》等等。有关体能训练的课程,比如男生的定期的体能训练课程,女生的形体训练。女生的形体训练一方面训练的是女生的形体,满足空乘服务礼仪的需求,但另一方面也是训练空乘女学生体能的一种途径。同时,无论男生女生,都要比其他专业的学生更为重视体育课,更为强化体能训练。

其五,在如上所开设的课程中,一定要重视课程中的实践环节,并加大实践环节的比重。张涛根据各航空公司不同阶段选拔空乘人才的要求整理出两个表格,一个是航空公司初选环节能力素质要求。另一个是航空公司复试环节常见问题及能力考核,如下表。[88]

航空公司初选环节能力素质要求

航空公司	标准要求
中国国际航空	具有良好的英语口语水平;普通话发音标准,口齿清晰,表达流利;有医护经验或持有小语种相应等级证书的应聘者,可在同等条件下优先考虑。
中国南方航空	客舱外语服务能力较强的可优先予以录用。
海南航空	外语口语标准:要求外语口语较为流利,日常交流无障碍;普通话口语标准:要求声韵母发音清楚,方言语调不明显。
山东航空	有较好的英语基础,能用英语进行交流,取得英语、日语、韩语登记证书者优先。
澳门航空	能说流利的英语及普通话,持大学英语四级或其他相等水平的英语测试证书;懂其他外语(日语、韩语)者优先。

阿联酋航空	具备流利的英文书写及口语能力;能流畅书写和听讲普通话或粤语(掌握粤语者优先);有客户服务经验者优先;性格合群,具团队精神,乐于提供优质服务。
荷兰皇家航空	英语口语流利;具备良好的客户服务意识、沟通表达能力、团队合作精神。

航空公司复试环节常见问题及能力考核[89]

	常见问题	考核能力
价值观类题	1.如果在古今中外选一个人做你的另一半,你会选谁? 为什么?	价值判断能力、思维能力、表达能力、逻辑能力、分析能力等
	2.能力和机遇哪一个更重要? 为什么?	
	3.你认为什么是幸福? 为什么?	
工作类题目	1.飞机马上起飞,有旅客还在打电话,你该如何应对?	说服能力、亲和力、协调能力、殊情况应对能力抗压能力专业知识运用能力等
	2.有旅客要你的电话号码,你会怎样对待此事?	
	3.一位乘客偷偷在厕所抽烟,你该怎么办?	
	4.某老年旅客突然胸闷非常难受,你会怎么处理?	
	5.某无陪儿童乘机感觉不适,你将如何办?	
生活类题目	1.请说说你的优缺点。	自我认知能力、表述能力、总结概况能力、学习能力、自省能力等
	2.迄今为止,你所做的最成功和最失败的事情?	
	3.你有哪些引以为豪的特长?	

从上面两个表格的内容来看,语言表达能力、分析判断能力、观察应变能力、协调沟通能力等等,都是航空公司对空乘乘务员职业素养的基本要求,甚至可以说,这些就是空乘服务的行业特性和岗位标准。从专业技能的角度来看,这些能力就是空乘学生把在校学习和掌握的客舱服务能力、安全保障能力和应急处置能力等在航空公司招聘情境中的呈现。如果我们把这些招聘标准放到校企空乘人才的合作培养中来探讨的话,这些能力的培养就具体贯穿于"民航客舱服务""客舱广播与服务沟通""特殊旅客服务""客舱安全及应急处置"等课程的教学中。故而,要帮助学生娴熟地掌握这些技能,丰富的教学内容、优良的教学方法、有效的实训过程等的设计就非常重要。我们同样也可借鉴一下张涛的"空中乘务专业核心实践课程设计及能力培养",这个设计是针对高职学院

空乘学生来做的,对于本科高校空乘学生的培养来说,就要在此基础上进行更精细化、更层次化的优化培养。

空中乘务专业核心实践课程设计及能力培养[90]

课程名称	教学主要内容	实践课时	开设时间	能力培养
民航服务礼仪、形象塑造	形体训练、礼仪文化习俗、客舱服务礼仪、职业造型、乘务化妆等。	36	第1、2学期	服务礼仪、形象塑造、仪容仪表仪态、工作体能等。
民航客舱服务、客舱设备操作	乘客登机前各项检查;迎客、引导入座,报刊提供,行李摆放,分离器操作;一般餐饮服务;特殊餐食服务;舱内设施操作;C.I.Q指导填写等。	72	第2、3学期	观察能力、交流能力、团队合作、外语运用、记忆力、餐饮服务、客舱客舱广播、设备操作等。
特殊旅客服务	婴儿乘客服务、无陪儿童服务、孕妇服务、残障旅客服务、老年乘客服务、重要旅客服务等。	36	第3或4学期	亲和力、应变力、沟通力、理解能力、协调能力。
客舱广播及服务沟通	客舱播音技巧;正常情况广播、特殊情况广播、应急情况广播;有效口语沟通,客舱非语言沟通、客舱问询及情景对话等。	36	第3或4学期	表达能力、观察能力、沟通能力、应变能力等。
民航医疗急救	机上旅客常见不适及疾病处置、机上急救设备使用、心肺复苏、外伤急救、常见传染病处置等。	24	第4或5学期	分析判断能力、应急处置能力等。

课程名称	教学主要内容	实践课时	开设时间	能力培养
客舱安全及应急处置	各类应急设备检查及使用;客舱安全演示;客舱安全检查及紧急出口处旅客资格评估;舱门开启、关闭及紧急出口操作;旅客不当及非法行为处置;客舱失火、释压等处置;应急撤离;危险品处置等。	48	第5或6学期	情绪控制能力、判断能力、危机应对能力、组织能力、安全设备操作等。

此外,关注实践课程设计的同时还要密切关注实践教学资料的开发。在实际工作环节中,各个航空公司会依据自身的客观情况,确定自己个性化的服务,比如,同样是飞区域航线的航班,海南航空与东方航空经济舱的餐食服务不同。有些航空公司经常会发生执飞机型的差异,执飞机型不同,客舱内的很多设施与设备也就会有不同,如应急操作上的差别等。所以,有针对性的实践教学资料的开发非常有必要。特别是实行校企合作培养空乘人才的高校,一定要加强与航空公司的沟通协调,在充分了解航空公司的工作标准和要求,了解航空公司运营的所有机型的基础上,最大限度地开发出帮助学生掌握未来职业所需要的技能以及能尽快适应工作岗位与工作环境的实践教学资料。实践教学资料开发的原则是:实用性和有效性。实践教学资料开发的目标是:将空乘服务岗位所需要的知识和能力要求完全融入实习实训的各个环节,并可以直接应用于空乘人才培养的实践教学。

第二,构建模块化的特色课程,满足个性化发展,体现课程的实用性。从各高校空乘学生的就业数据来看,并不是所有的学生都能满足航空公司的用人需求,导致有的学生未能进入航空公司成为空乘服务人员。因此,在课程设置的时候,就要对这部分学生做出考虑,要根据学生的个体差异,设置一些培养学生具有较强的可持续学习能力的课程,设置一些具有行业特色的选修课,以满足不同学生的不同学习需求,为每位学生在毕业的时候能选择到适合的工作,并能在工作岗位上快速成长奠定基础。所以,从模块化课程的角度来看,我们可以构建两个大模块课程,一个是与空乘岗位需求密切相关的模块,一个是拓展型的与空乘人才学科归属相关的课程,它既能成为空乘岗位胜任力的辅助性培养课程,又能成为培养学生个性发展素质的课程。拓展型课程的开设应秉着既能为学科归属专业服务也能为空乘教学服务的原则，必须在体现学科归属专业独特性的同时也要做到对空乘人才培养有价值，否则就会失去课程开设的合理性依据。

对于把空乘人才培养放在艺术学学科支撑的高校来说，开设艺术类课程比如形体训练(舞蹈与形体训练)类的，既有利于培养空乘人员所需要的形象、形体、气质等素质，也为未能或者最终不愿意从事空乘行业的学生提供从事艺术行业的职业奠定基础。

对于把空乘人才培养放在交通运输学科支撑的高校来说，要融入交通运输管理(乘务、货运)等相关学科知识的课程，如值机与行李运输、民航货物运输、民航安全检查技术等等。对于空中乘务的学生来说，学习交通运输学科的相关知识，可以有利于未来拓展职业发展的可能性，比如将来空乘人员得以晋升到相关领域的管理工作岗位的话，交通运输管理专业的知识就能发挥重要的作用；也为未能或者最终不愿意从事空乘行业的学生提供从事民航交通运输行业的职业奠定基础。

对于把空乘人才培养放在旅游类学科支撑的高校来说，开设旅游学科的相关课程比如旅游地理知识、包括航空运输地理、、旅游出行日常常识、旅游心理学，航空运输与旅游行业对接的流程、日常行为礼仪等等，交通运输业和旅游业本就是联系非常紧密的两个行业，作为高端的交通运输业民航领域的空中乘务人员，具备基础的旅游类知识可以成为其形象和技能的有益拓展。

对于把空乘人才培养放在表演学科支撑的高校来说，就要开设有关表演职业技能的课程，比如表演概论、表演艺术等。

3. 实行课程负责人制度

实行课程负责人制度，以项目制设置和建设专业核心课程，保障课程的实用性和质量性。

在绝大多数培养空乘人才的高校中，课程建设疏于团队合作，缺少课程负责人。教师日常管理相对比较松散，教师与教师之间的合作不够紧密，即使担任同一门课程的教学，彼此之间也缺少足够的交流，教师一般都是在遵守教学大纲的前提下，将各自的教学理念融入课堂教学之中。这种方式能够充分体现教师的个性化教学特点，有利于教师教学个性的发展，但也存在一定而局限性，特别是对于具有相对统一的民航企业用人标准的空乘服务人员的培养来说，课程效果的统一标准要比其他人才培养典型些。因此，就有必要按照课程群、按照模块课程的分类组建课程教学团队,选拔优秀教师作为课程团队负责人。课程负责人的主要任务是组织教师一起参加课程教学大纲的制定,共同研究教学内容的组织、教学方法的选取和课程考核方式等等。团队成员要共同参与研究,并共同完成。这样建设起来的课程更具实用性。

我们以《形体训练》课程为案例来探析课程负责人是如何带领教学团队实施课程教学,提升课程效果的。首先是选取《形体训练》课程的课程负责人。担任课程负责人的教师要有丰富的形体训练经验,要有优良的教学水平。然后,课程负责人就要组织教学团队展开《形体训练》课程教学实施方案的研究。其一,组织教学团队研究和分析目前《形体训练》课程教学存在的问题及原因。这是设计《形体训练》课程的前提。其二,组织教学团队成员共同研究并制定《形体训练》教学大纲,编写授课计划和教案。教学大纲、授课计划和教案是一门课程开课的基础材料,教学团队一起研究一起制定,既有规范性又有标准性。其三,组织教学团队确定《形体训练》课程的教学目标、教学重点难点及教学过程的具体实施。《形体训练》课程既是一门塑造空乘学生形体,使之优美,符合航空公司对空乘人才的形象和气质要求,又是一门体能训练课程,满足空乘人员身体素质上的要求。围绕这个目标,教学团队就要组织丰富的教学内容、设计科学的教学方法和有效的教学环节,引导课程教学教师组织实施《形体训练》课程的教学。其四,课程负责人要组织教师讨论课程质量的评价方式。课程质量的评价包括学生课程的考核方式和对教师授课质量的评价。通过科学的评价,能极为有效地促进《形体训练》课程教学质量的提升,使学生能真正从《形体训练》课程中收获知识、收获技能,也使《形体训练》课程成为一门对学生有用的实用性课程,而其中,课程负责人所起到的组织作用是实现这一结果的有效保障。

(二)传统与现代相结合的教学方法

教学方法是教学组织的重要手段,也是影响教学质量的核心要素。教师在教学过程中,一方面要结合具体的教学内容使用科学有效的教学方法;另一方面要结合教师自身及学生的特点,使用适当有效的教学方法,为促进空乘人才培养质量提供保障。

1.课堂讲授方法

课堂讲授法是指教师在课堂上通过口头语言,利用一些辅助性的手段比如

PPT、视频等,系统地向学生传授知识的方法。一般来说,讲授法主要是向学生描述学习的对象、方法、目标,向学生讲解相关知识点、原理、规律、公式等。这是目前高校课堂教学采用的最基础、最普遍的教学方法。

课堂讲授法注重如下两点:一是讲授的内容要具有科学性、系统性和思想性,尤其要突出课程内容的重点和难点,能使学生迅速高效地掌握相关理论知识。二是讲授过程中要善于用辅助性的启发诱导式的教学方法,引导学生分析和思考问题,培养学生用理论知识解决实际问题的能力。

比如《民航服务心理学》"民航服务中的旅客心理"讲授法的使用。教师首先要系统地讲清楚旅客的知觉和社会知觉、旅客的需要、旅客的个性特征、旅客的态度、旅客的情绪和情感等知识点,使学生能科学地把握这些知识点,并获得运用这些知识点解决旅客心理需求的能力。在学习过程中,学生充分理解旅客的需要、旅客的个性特征等知识重点;理解旅客的情绪和情感等知识难点;并能在教师的引导下结合旅客的语言行为、身份等个性特征对旅客的真实需求展开分析,迅速提炼满足旅客个性化需求的服务标准。

再如,《客舱服务与应急处置》课程运用讲授法。在多年《客舱服务与应急处置》课程的实际教学中,我们发现,学生比较轻视理论课教学,不把理论教学放在心上,认为理论教学的意义比不上实践教学,认为只要懂得实际操作,具备实际操作的能力就可以。但从本质上来看,任何实践都是来源于理论的解释和指导的。离开了理论的指导,有些实践活动就有可能失去科学性的基础;离开了理论的指导,一旦实践活动稍微出现变化,实际操作就会变得无所适从。比如,在讲客舱释压时,要讲清楚客舱释压的原理——客舱内部和外部压差过大,由于引发原因不同,客舱释压分为缓慢释压和快速释压。缓慢释压的原因是客舱逐渐失去客舱压力,快速释压是客舱迅速失去客舱压力。讲清楚了这个理论,就能更好理解缓慢释压和快速释压的不同表征:缓慢客舱释压发生时,氧气面罩可能不脱落,机上人员发困和感到疲劳嗜睡;氧气面罩可能脱落,应急用氧广播开始、失密警告灯亮、机舱门和窗口可能有光线进入等。快速释压发生时,氧气面罩脱落、应急用氧广播开始、系好安全带指示灯亮、有物体在客舱内飘飞、客舱内温度下降、有很强的气流声及薄雾出现、人员感觉压耳痛、飞机作大角度的应急下降等。

2. 讨论法

讨论法指由教师根据所授教学内容设定主题,学生以小组为单位对此展开讨论,以此强化与讨论相关问题的知识点的掌握的一种教学方法。这也是我们日常教学活动中使用比较平凡的教学方法之一。

使用讨论教学法要注意如下几点:其一,讨论的主题一定要围绕课程教学中的重点难点知识点来进行设定。在教师指导下的讨论其根本目的是要帮助学生加深对知识点的掌握,且强化知识点的实际运用能力。所以,为了保证讨论的有效性,在展开讨论之前,教师要对讨论环节做一定的准备工作,比如指导学生阅读相关资料,提出讨论过程中要注意的问题等。其二,在讨论进行过程中,讨论的主体是学生,教师是一个引导者,引导学生自由发表意见,引导学生主动参加讨论,引导学生生发出学习兴趣、合作精神和自主学习的能力。其三,讨论结束之后,教师一定要进行点评,既对学生讨论的观点进行点评,提炼出问题讨论的正确观点;也对学生在讨论过程中的表现进行点评,促进学生综合素质的提升。

3. 案例教学法

案例教学是把理论具体化的过程,所以,案例教学法的使用能通过形象化的具体化的例子呈现理论,使得学生能加深对理论的理解。

首先,在案例教学过程中要注意案例的选择。所选择的案例既要反映一定的理论知识,从而达到加深对理论的理解的目的;又要有多种可能性存在以便于学生分析,从而达到解决问题能力的培养。其次,在案例教学过程中,要注重培养学生自主思考、解决问题的能力。面对案例,学生自己搜集资料,自己组织讨论,自己通过分析来找到答案或者找到解决方法,而教师只是起到提供资料或者资料搜寻方法、咨询辅导的帮助作用。再次,在案例教学过程中,教师要发挥点评的作用。学生针对案例进行讨论、分析结束之后,教师在引导学生之间进行互评的基础上,最后进行总结性的点评,强调案例中蕴含的理论知识,指出案例的答案或解决方法。比如在讲授《民航法律法规》"机长的权力"时,就可以使用案例教学法。对此,我们就可以用一个案例来进行讲解。

某航空公司拒载某演员的智障儿子案[91]

某演员的智障儿子登机后,情绪不稳定,在客舱内来回跑动。孩子年迈的姥姥和乘务组均无法使孩子安静下来。直到233名旅客登机完毕后,孩子始终处于高度紧张状态,不能入座,并在楼梯上来回跑动。这样,航班始终无法关闭舱门进入起飞程序。同机旅客亦称其有非要往驾驶室硬闯,机组人员拦不住,而且在飞机上大哭大闹等行为。机长为了机上全体人员和航空器安全而做出让其下机的决定。事件发生以后,某演员认为"如果孩子真有什么过错,为什么不加以正确引导? 并保留诉讼的权利"。

根据这个案例,引导学生查阅有关的法律条文,对案例进行充分分析,在这个案例中,机长就是行使了《中华人民共和国民用航空法》中对机长的权力的明确规定,机长"在飞行中,对于任何破坏航空器内正常秩序和纪律、触犯刑律、威胁飞行安全或妨碍执行任务的人,采取一切必要的适当措施。"

我们还可以用一些反向的案例来向学生讲解某些知识点。比如,"某航空公司航班,在航班延误地面等候期间,一名10岁男童无端被飞机上的"一杯热水"烫到了大腿根部和生殖器官,经诊断为"二度烫伤"。一次意外烫伤可能使他终身留下难看的疤痕,一次意外的烫伤让他本来丰富多彩的暑假计划化为泡影,家人的痛苦、公司的损失等一系列问题。"[92]这个案例就是《客舱安全与应急处置》课程中的"避免烫伤方法"的内容,要求乘务员要严格遵循热饮服务的原则,要熟知提供开水的具体操作,要熟知烫伤的处置办法。特别是当航班有孩童旅客的时候,要更加警觉一些微小危险发生的可能。再如"2015年12月18日凌晨,某航空公司A330—300型客机在执行巴厘岛至北京航班时,起飞后约一个半小时出现双发引气故障,客舱释压,飞机紧急下降。机上氧气面罩全部脱落,乘务员惊慌失措,机舱内混乱不堪。机组立即启动应急预案,最后安全降落在马来西亚沙巴机场,未有乘客受伤。但有乘客反映,部分氧气面罩无氧气,并听到当班乘务员的尖叫和哭声。"[93]这个案例就是《客舱安全与应急处置》课程中飞机遇到紧急情况,"氧气面罩脱落"乘务员应该如何应对的内容。在该案例中,乘务员发出了尖叫声,吓到自己的同时更是吓到了乘客,乘务员的职业素养荡然无存。在突发事件发生的时候,乘务员应在第一时间内用非常坚定的语气和态度告诉机舱内所有旅客,乘务组是受过专业训练的,是值得信任和依靠的,并安抚乘客的紧张情绪。

案例教学法的使用能有效帮助学生理解相应的知识点,并获得相应的操作技能。这就要求教师要做好案例的收集和整理。

4. 角色扮演法

角色扮演法是一种体验式的实践方法,即针对某个知识点设置一定的情境,教师给出不同的角色,学生自由选择自己扮演的角色,亲身进入模拟情景,真实地体验任务,完成某一任务过程。这种方法既是对理论知识的加深理解,也是对案例教学的进一步体验和真实化。

例如,可以在客舱旅客安全管理这块设计旅客登机情境,模拟情境中设置登机过程发生适当冲突,比如,旅客不按规定就座、旅客之间因为行李放置或者不小心碰撞而发生争执、旅客不按规定摆放行李等。在这个模拟冲突情境中,让一组学生扮演乘务组内各号位的乘务员,若干学生扮演旅客,有普通旅客也有特殊旅客——老年旅客、孕妇、儿童旅客等。学生在体验各种冲突角色的过程中,既能充分体悟客舱安全检查的内容和目标,又能体会客舱服务过程中不仅需要专业技术性技能,还需要与之相关的沟通协调能力、团结合作能力等等。

5. 实践教学法

实践教学是一种与理论教学相对应的教学方法,即在实习实训的场所里对学生进行实际操作技能教学的方法。实践教学的目标在于将理论知识进行直接的可视化的呈现,以此加深和巩固学生对理论知识的理解,是理论联系实际的重要环节,也是提高学生动手能力的重要平台。实践教学方法可以在如下几个方面得到运用。

第一,在课程的实践环节中体现实践教学法。在空乘人才培养的课程体系中,很多核心课程都有实践环节的教学设计,比如航空服务礼仪、航空设备与服务、客舱服务与应急处置等等。

我们以航空设备与服务课程来分析实践教学法的使用。在从理论上对航空设备与服务进行详细讲解之后,我们可以通过实践或者说叫实操的方式把理论呈现出来。把课程的实操过程分为十个环节:第一个环节是航前准备。模拟乘务员在接收到飞行任务书之后,先进行个人准备,比如仪容准备,然后到达基地参加由乘务长主持召开的航前准备会。第二个环节是设备检查。由空乘学生模拟到达飞机之后,对厨房设备、卫生间设备、旅客服务组件、各种应急设备进行检查,还要清点飞机上的供品情况。第三个环节是欢迎旅客。旅客登机时一方面要对旅客进行问候表示欢迎,另一方面帮忙安排旅客就坐和放置行李。第四个环节是关闭舱门。空乘学生模拟在得到机长允许后关闭舱门,并将滑梯杆预位。第五个环节是安全演示。空乘学生模拟向旅客进行安全演示,介绍机上各种应急设备的位置及使用方法。第六个环节是安全检查。空乘学生模拟在飞机起飞之前巡视客舱,进行安全检查,检查旅客是否系好安全带,是否打开遮光板、是否调直椅背、是否关闭电子设备等等。第七个环节是餐饮服务。空乘学生模拟为旅客提供餐饮服务,从餐饮发放到餐后垃圾的回收等。第八个环节是细微服务。空乘学生模拟巡航客舱,仔细观察旅客的特殊需求并为之提供细微服务,比如为有阅读书报需要的旅客发放书报,为有需要毛毯的旅客提供毛毯,有需要加水的旅客提供加水服务等等。第九个环节是送别旅客,完成工作。空乘学生模拟飞机到站提醒旅客注意安全下机,送别旅客,完成本次航班飞行任务。第十个环节是点评总结。空乘学生聆听乘务长对本次飞行任务的点评和总结及评估,为下一次航班任务提供借鉴。

通过这样的实践活动,学生不但加深了对客舱服务设备、应急设备及使用方法等理论知识的理解,而且充分了解了客舱服务的标准及具体流程,并且具体运用了服务礼仪、形象设计、广播说词等等,既提高了航空设备与服务课程的授课质量,又提升了空乘学生的综合职业技能。

第二,与航空公司合作实施实践教学法。一方面采用邀请航空公司经验丰富的空乘人员来学校与学生进行交流,把航空公司对空乘服务人员的规范要求传授给学生。另一方面,把学生带进航空公司,在航空公司真实的空乘服务的情境中体验职业角色。这样的实践教学法效果极佳。

第三,还可以把课程讲授内容延伸到课外专业实践活动。依靠专业教师和学生工作组织积极引导学生自主地开展专业创新实践活动,培养学生的实际操作能力。比如南昌航空大学空乘人才培养由学工处与教学口联合海南航空公司共同主办的"空乘新星大赛",该大赛源于2008年,大赛的内容与专业教学密切相关。如,018年11月24日举办的第十一届空乘新星大赛,"第三环节"情景模拟"彰显了专业特色:三人灭火、安全演示、心肺复苏、客舱释压。不仅是对学生自身所学知识的考验,也充分展现了我院始终坚持专业培养,为学生今后发展奠定了一定基础。[94]

不过,要使实践教学法得到充分有效的运用,就必须与航空公司共同加大对实践教学实训室建设的投入,积极改善实践教学设施和设备,规范实践教学实训室建设的管理,从而保障实践教学顺利开展。

6. 信息化教学方法

信息化教学方法是随着信息技术革命带来的一种通过使用现代技术手段进行的教学方法。目前,我们已经进入以信息化为特征的知识经济时代,依靠现代化的信息技术,高等教育体系中的学习资源的类型,学生知识的获取途径、学习方式,教师的教学方式,师生之间的互动方式等等,都已经发生了巨大的变化,冲击着传统的面对面的、纸质的、手写的教学方式。旺盛的个性化学习需求,加上教育资源的开放、共享和多元化,再加上计算机和网络技术的飞速发展,信息化教学方法已经成为这个时代的潮流。

信息化教学方法对于弥补空乘学生培养在教学条件、教学手段上的欠缺起到了很好的作用。一方面,它弥补了空乘实训教学条件的不足。从我国目前各高校空乘办学的实习实训场地来看,大都还存在一些亟待完善的地方,比如在硬件上,存在模拟客舱空间过于狭小、客舱设备及客舱服务用具种类不齐全等问题;在软件上,存在实训内容难以及时更新与行业保持同步等困难。信息化教学方法在一定程度上可以克服这些困难。信息化教学方法将实现通过数字技术模拟实训过程,采用人机互动学习的方式,不仅可以解决教学条件不足的问题,还可以不断把新的教学内容充实到模拟视频中,使学习内容能够及时更新,及时与行业标准同步,有利于学生实际操作技能的学习。另一方面,信息化教学能极大提升空乘学生的信息素养和自主学习能力。信息化教学侧重的是通过现代科学技术实现信息的收集、呈现与反馈的过程,在这个过程中,空乘教师充分利用各种教学媒体信息资源,通过适当的现代教学技术传递给学生,学生则能在最大程度上接收到老师传递的信息,能够全方位地感知和认识学习对象,完全自主地处于一个全新的信息化环境中,在自主学习中自觉主动地接触新事物和新信息,获取新的信息资源。所以,信息化教学方法有利于培养学生用信息的观点发现问题、分析问题和解决问题,并逐渐形成一种习惯性地自主学习意识和能力。

信息化的教学方法通过三个阶段得以实施。我们以客舱设备运行课程为例来进行呈现。第一阶段是学生课前自主学习。教师要为学生进行自主学习做好网络信息储备的工作。一是要建立客舱设备运行课程的课程网站,将与课程相关的资料,比如教材、教学大纲,教学视频挂在课程网站上,学生可以在其可支配的时间里对视频进行反复学习,直到听懂理解为止。二是要教会学生使用 CBT 教学软件,CBT 教学软件是乘务员训练软件(可以通过合作航空公司获取),该软件可以通过动画的形式呈现客舱设备使用的过程,比如舱门的开启过程,应急滑梯的伸展过程等。一是要布置好学生每次课程要完成的学习任务。以客舱设备运行课程中"应急出口的使用"这节课为例,学生要在课程网站上通过视频课程学习"应急出口的使用"的内容,要通过网络信息资源搜集不同机型应急出口的图片和资料,了解应急出口的相关资讯。要利用 CBT 教学软件学习使用应急出口准备在下次课程教学时以小组为单位展示学习效果。第二阶段是学生以小组为单位展示自主学习的成果。一般把 4 至 6 名学生分成一个乘务小组,学生以小组为单位到模拟客舱展示学习成果,现场模拟操作应急出口的使用。自主学习时弄不懂的问题在现场展示过程中提出来,教师在场答疑解惑。对于没有操作条件的内容比如舱门开启、滑梯展开等,教师和学生都可以通过多媒体课件、CBT 教学软件、微课视频等信息技术手段加以解决,能极大促进学生熟练操作客舱设备。第三阶段是教师和学生一起进行点评和总结。同样是以乘务小组为单位开展,学生对自己展示的"应急出口使用"的操作技能进行评价,教师对每个乘务小组的表现现场指导并评价。学生在演示和观摩后依次进行个人自评、小组互评,最后进行总结。

(三)教学研究与改革

教学研究是指我们在教学过程中,对教学中遇到某个问题进行调查、研究,发现存在的问题,并提出解决方法的工作。教学研究与改革有利于发现并解决人才培养过程存在的一些问题,以此提升人才培养质量。校企合作的空乘人才培养非常需要空乘教师教学研究与改革,在教学研究与改革进程中不断优化空乘人才培养的教学内容、方法和途径。

1. 研究"课程思想政治"的实施

"课程思想政治"教学改革是指在人才培养过程中,在教学理念上,全体专业教师要承担起立德树人的育人理念;在专业课程知识的传授过程中,要融入思想政治教育元素;在专业教学目标上,要实现专业教学的思想政治教育功能。校企合作培养空乘人才也遵循同样的理念。

实施"课程思想政治"的教学改革,有利于突出专业课程教学的育人功能,促使知识技能传授与价值观教育协同发生作用。空中乘务岗位是个窗口行业,乘务员职业道德形象既影响航空企业的经济效益,也会影响世界对中国的看法,因此,对空乘学生进行理想信念教育,对其进行高尚的道德选择和道德行为的引导,实现社会主义核心价值观熏陶与内化非常重要。现实中空乘学生的学习实用性较强,因此容易形成重技能轻思想的错误倾向。比如,比较重视专业课,对非专业课则有轻视倾向,尤其是对于学校开设的思想政治课,有些学生就非常不重视甚至会产生一些排斥情绪;比较重视专业课里的操作性内容而忽视专业课里的理论知识。所以,在帮助学生排除抵触必修的思想政治课的同时,非常有必要将思想政治教育贯穿在专业课程的教学里,把价值观教育、职业道德教育渗透在专业课教学内容里,在专业课程的教学中传递社会主义核心价值观,引导学生按社会主义价值标准做人做事,使空乘学生能够在专业教育的过程中潜移默化地成长为符合社会主义发展的职业人。当空乘学生在"课程思想政治"的教学改革中将共产主义理想信念,将社会主义职业道德观完全内化为自己日常的自觉行动时,他们就已经成为有利于国家和民航企业需要的合格劳动者和可靠接班人。因此,我们要充分重视在课程教育教学中发挥知识技能传授与价值观教育协同的作用。

首先,充分挖掘教学资源中的思想政治元素,通过课程课堂思想政治育人。其一,利用专业课堂将爱国情怀以及责任担当意识教育以通俗易懂的形式呈现给学生。比如可以结合中国民航的历史与发展知识,将中国飞机制造第一人冯如的事迹讲授给学生,特别是在讲到冯如能在中华民族的危难关头,带着自己制造的飞机回国投身辛亥革命的时候,着力渲染和评价冯如那种为祖国担当的"匹夫之责"精神,这样,爱国主义精神和担当意识教育便油然而生。这种案例还有,比如抗战时期的驼峰航线,上千名中外飞行员为中国的抗战和世界反法西斯斗争的胜利献出自己宝贵的生命的案例等等。其二,利用通识教育中的思想政治教育课程对学生进行中国国情教育,进行马克思主义理想信念教育。在马克思主义基本原理概论、毛泽东思想与中国特色社会主义理论概论、中国近现代史纲要等课程中将辩证唯物主义、历史唯物主义和科学社会主义理论的基本理论讲透,加强学生对中国特色社会主义的理解与把握,在解析中国传统文化特征的基础上,联系新时代中国的文化建设,加强学生对世界历史进程与文化发展的科学认识,加强学生对习近平新时代中国特色社会主义理论的充分学习,引导学生树立理论自信、文化自信、道路自信、制度自信的坚定态度。其三,利用相关法律法规,在加强学生职业规范的同时,加大对学生职业精神和职业道德教育的力度。比如民航法律法规课程,既帮助学生了解职业过程中的相关法律法规,也可以在其中强化一些经典的案例来突出职业精神和职业道德的养成。相关法律法规规定,飞机遇险时,乘务员要后于乘客下飞机,机长必须最后一个离开飞机的法律。教师可以引进案例进行讨论,最终帮助学生形成从"为旅客服务"提升到"为人民服务"的职价值观。其四,在专业课程中的实训环节渗透德育元素。比如在客舱服务实训课程中,我们既参考航空公司管理风格、工作模式、职业规范等因素,强化学生职业素养与职业能力的提升,也在其中融入爱岗敬业、诚信友善等社会主义核心价值观,融入吃苦精神、纪律意识、服务意识、奉献精神的教育。

其次,要充分改革教学方法,提高课程思想政治教育的有效性。目前我们国家本科院校招收的空乘学生为艺术类考生,其文化考试成绩偏低,对文化知识层面的兴趣也较低,所以,在接受思想政治教育类的理论知识的时候,除了兴趣不高之外,甚至会出现排斥的现象。但是,这些学生也有其优点存在,因为大多具有艺术专长,性格活泼开朗,善于接受新生事物,喜欢参加文体类等课外活动,并在活动中表现出良好的主观能动性和合作精神。基于这样的特点,我们就要探索优化空乘学生课程思想政治的方式方法。一方面,要把理论性较强的思想政治教育内容向易懂易解方向转变。我们所倡导的思想政治教育内容理论性、主导性很强,既要空乘学生理解了知识,又要让他们能接受知识,达到教学的效果,实属不易。所以,用通俗易懂的案例来诠释理论,把理论放到通俗易懂的案例中,而这些案例的选择最好能和空乘学生的实际学习、生活及未来职业相关,就能充分提高空乘学生对理论的理解度和接受度。另一方面,采用变灌输为疏导的教学方法。灌输式的教学方法是现实中思想政治教育教师采用的比较普遍的一种教学方法,对于本身就对理论知识兴趣不高甚至是厌烦的空乘学生来说,这种方式的效果极低。因此变灌输为疏导就非常必要。疏导的重点在于先梳再导,即先帮助学生认识问题、挖掘问题,然后和学生一起分析问题、解决问题。在进行课程思想政治的过程中,教师在引出问题要求学生进行讨论的时候,要倾听学生的观点,对学生提出的那些存在异议的尤其是影响学生价值观判断的问题,一定要给出合适的正确的解释和分析,这样才能实现课程思想政治的效果。同时,课程的实践教学环节也不失为一条很好的提升思想政治教育的途径。比如,组织学生去合作航空公司的实训基地,参加模拟飞机空中失火、紧急迫降、旅客紧急撤离等的训练,进入"零距离"的真实模拟教学,通过真实情境的模拟感受,学生亲身体验到了飞行高空的危险,清楚地意识到作为空乘人员在飞机遇见紧急突发事件时所担负的责任,能更真实地培养学生恪尽职守、勇于担当的职业素养,也能促使学生认真学习决心,提高学习效率。

再次,要关注课程延伸的思想政治效果,利用多途径强化课程思想政治的效果。比如,通过第二课堂发掘思想政治教育的有效路径。除了在课堂中挖掘和融入思想政治元素德育内容之外,还可以尝试通过第二课堂——第二课堂的学生活动,也是进行德育渗透的有效途径。比如,可以依靠学院的学生会和团委,组织开展包括校内外职业技能大赛,通过技能大赛把职业精神、空乘职业所需要的服务意识、吃苦耐劳等融入大赛中;可以开展主题教育活动,如优秀毕业生事迹展,通过优秀毕业生的事迹,既展示学长们的成功轨迹以激励在校学生,又从毕业生身上弘扬积极奋斗,充满社会担当的精神,激发学生对学校、职业、社会的认知、情感和行为的认同。在这个环节中,合作的航空公司可以扮演好重要角色,可以通过合适的学生活动把航空行业文化和自己航空公司的特有企业文化融进去,在学生未走出校门之前就能树立航空企业人的人文精神、职业情怀和社会担当。还可以通过校园文化环境发掘思想政治教育的有效路径。教师本身是校园文化的一道风景,教师的仪表仪态、行为举止就是教师的师德师风的呈现,言传身教的过程无形中教会学生学会尊重、懂得诚信、爱岗敬业的过程。还可以从学生的学习场所入手,彰显职业规范标识,宣传企业文化,提醒学生职业形象和行为规范的培养。从学生的生活场所入手,彰显修身律己,提醒学生自我约束素质的培养。

2. 研究如何将行业标准与教学标准相融合

解决行业资格标准与专业教学标准相融合的问题,对于校企合作的高校来说,是一件至关重要的事情。

首先,要树立人才培养中行业标准需要与教学标准相融合的理念。要对航空公司进行市场调研,进行深入探讨,充分了解民航乘务员行业资格标准,明确空中乘务的人才培养目标及专业教学标准,深入研究行业资格标准如何能在专业课程教学中得到具体体现,使专业教学标准与行业资格标准能有效对接,从而使培养出来的空乘学生能迅速适应行业需求。

其次,要探索在专业课程知识结构和专业课程教学中渗透行业资格标准的基本路径,实现教学内容与职业标准的有效对接。空乘教学的很多内容都是具有行业标准的,比如客舱设备的使用、机上急救的处置、客舱安全与应急处置等等,都是有相应的行业标准的,因此,就必须在相应的课程中,既将行业标准融进课程内容,又将服务意识、安全意识、服务标准等行业资格标准渗透在教学实践中。

再次,要探索邀请具有行业标准资格的航空公司的人进入学校进行教学。采取"请进来",即定期邀请相关企业特别是合作航空公司的专业人才来学校对教师进行培训。比如,中国民航大学乘务学院就会定期邀请中国国际航空公司客舱部领导、大韩航空、海南航空、东方航空等公司的优秀教员到学校举办专题讲座,把航空公司的文化理念和管理经验带来;还聘请各航空公司客舱部有丰富飞行经验或操作技能的乘务教员担任实践教学任务,通过她们的言传身教,学生感同身,收获颇丰,走上空中乘务岗位以后很快就能符合行业标准。

最后,贴近行业标准,贴近航空公司的生产实际来建设培养学生专业技能的实训场地。比如中国民航大学的飞机经济模拟舱的建设就能充分实现这一点。"按照737-800飞机经济舱段建设全尺寸模拟舱,共容纳48个座位。可以实现模拟客舱灯光、失压、模拟火情灭火、模拟撤离以及开设舱内设备使用、机上服务程序、机载CBT、客舱安全、广播内话、舱内急救、乘务英语口语等实践课程。投资120万元的校内应急技能训练基地,可以通过消防模拟系统训练(应急灭火)、救生模拟系统训练(穿越喷火通道和集体电网穿越)、逃生模拟系统训练(高空穿越)以及动态机舱模拟系统(用于模拟训练飞机飞行时遇到外部和内部扰动导致飞机出现颠簸和震动下完成各自岗位工作)进行乘务学生身心素质拓展训练,培养其应急反应能力。"[95]

将行业资格标准与课程考核标准相结合。在课程考核中模拟航空公司业绩考核办法,根据行业资格标准制定仪表气质、安全意识、操作规范、服务质量等考核标准,综合评定学生课程学习。合作航空企业的培训人员也可以参与到学生的考核中来,考量学生各项能力是否符合行业标准。

3. 研究如何通过实训课程培养核心技能

这里的核心技能指的是良好的沟通交流的能力、自我表达的能力、解决问题的能力、团队合作的能力、获取新知识的能力、搜集和处理信息的能力等等。这些都是高素质的服务人才的必备能力,也是空乘人才培养中必须要使学生具备的职业能力。在本科层次的空乘人才培养中,这些能力的培养应该占据较为核心的部分,除了要帮助学生掌握娴熟的空乘服务专业技能之外,如何在专业技能实习实训过程中,充分融合核心技能的培养,是空乘教师需要思考的重要问题。

专业实训是空乘人才培养的一个特色途径,也是必备途径,教师可以在专业实训过程中设置渗透进核心技能的环节,使核心技能融合在专业技能训练之中。我们以航空面试技巧实训为例来分析空乘学生核心技能的培养。首先,设定课程教学的总体目标:通过模拟航空公司面试的场景,帮助学生掌握航空公司面试的基本技巧,提升沟通交流能力、自我表达能力、学习能力以及团队合作能力等核心技能。其次,实训思路环节:从学生面试准备、自我介绍、回答问题到学生评委点评、教师点评,再到总结等几个环节。在这个实训过程中,学生的自我介绍发生了质的变化,从松散、重点不突出、特色不明显到自我介绍层次分明、流畅丰富、有特色。特别重要的是,学生不仅自我表达能力得到了锻炼,而且逻辑思维能力也得到一定的加强;回答问题的环节也出现了显著的变化,学生从中心不突出、语言缺乏组织到问题中心明确且有条有理,学生的沟通交流能力、自我表达等能力也得到明显提升;在实训中安排分组讨论,让学生自己担任面试官,点评各自在面试中的表现,指出各自面试的表现好的地方和不足的地方,指出哪个同学的哪些地方可以分享,哪些地方值得学习,这样的讨论促进了学生的自主思考、自主学习能力的提升;教师在小组讨论和分享中扮演着引导者的角色,有针对性地对学生的团队合作意识进行评估和训练。

我们还可以在航空急救实训中,在航空急救的专业技能训练中融合服务意识、责任心、亲和力等等核心技能的培养。航空急救是培养学生掌握在飞机上进行急救技能的课程,技能型训练特征比较典型,主要借助模特或真人反复练习急救技能,教授学生掌握急救要领。但在进行急救技能训练的每一步过程中,教师都可以有意识地通过一些细微动作融入如上核心技能的培养。比如,要求学生不留长指甲,因为长指甲在进行急救的过程中有可能会划伤病人,这样无形中培养了学生的爱心和责任心。比如,在温度较低的环境下进行急救时,要求学生在直接接触病人之前一定进行搓手的动作,通过搓手的行为来提高自己的手温,不致因手温过低让病人产生不适;比如,要求学生注意保护患者的隐私,在操作中尽可能减少病人身体暴露的部位和缩短暴露时间。通过这样的实训,学生不仅熟练掌握了急救的动作要领,还使学生的服务意识得到了进一步强化,使学生学会通过细微的动作也就是通常所说的细节来传达服务的真诚,来传达空乘服务人员人性的温度,来展示航空公司的服务品质。

(四)多元化的考核评价机制

教学过程完成以后就要进入对学生进行考核评价的环节,考核评价是对教学和学生的学习进行评价并根据评价结果进行分析、总结、反馈,这个环节的存在在某种程度上就是对人才培养质量的一种内在评价,并以此促进教学质量的提高。在分析目前考核评价现状的基础上,要制定规范的考核标准,优化考核方式,对空乘人才培养状况做出一个相对客观的评价,为校企合作的空乘人才培养提供有效的借鉴。

1. 分析考核评价现状

有些教师偏重于教学过程的完成,而没有关注教学过程教学效果的评价和检查,忽视了教学过程中对学生课程学习的评价。教师在教学中一般特别重视完成教学过程,按部就班地完成,每一个环节都不少,这是合乎教学规律的教学行为。但由于部分教师的不重视加上课时的有限,在课堂中没有足够的时间供教师、学生反思教与学的效果,最终只能以最后的考试结果作为最终的考核结果。比如,空乘教学课程形体训练的考核,有的老师就以学生最后以此的形体训练考试作为形体训练课程的考核结果,而很少关注学生在课程中的学习状态,没有在课程教学过程中对学生的训练进行反思与指导,并且没有把这些环节纳入考核评价的内容中去。

有些教师偏重教师对学生的评价,而忽视学生的自我评价、忽视了学生的互评,呈现评价者单一的问题。很多空乘课程的评价都是以授课教师作为唯一评价者,从平时考核到最后考核,考核的结果基本上都是以教师的考核评价为最终的考核。

另外,还有些教师偏重评价的形式,没有注重评价的效果和质量。有些空乘教师仅仅把教学评价当作实施教学的一个必不可少的环节而已,缺少对评价结果的反思,缺少把评价结果用于完善教学的主动行为。

正是因为空乘人才培养教学考核与评价还存在一些需要进一步完善的地方,我们尝试从确定规范化的考评标准、考评主体的多元化、考核角度的多元化等角度来完善现有空乘人才培养的考核评价体系。

2. 确定规范化的考评标准

考评标准是考核的依据,规范化的考核标准有利于考核的公平化。航空公司和高校空乘人才培养单位要共同制定规范的实训技能操作及考核手册。手册的编制要由课程负责人牵头,组织课程组的教师以及合作航空公司的人员一起进行。比如,有的学校就组织空中乘务教研室骨干教师精心编写了《空乘专业实训技能操作及考核指导手册》。手册内容精炼、条理清晰、标准统一,既有对各种操作的正确方法的描述,又有对技能操作的考核评分标准的科学把控,集实用性指导性于一体。它既起到了规范学生技能操作行为的作用,而且引导了学生操作技能训练的兴趣。

3. 考评主体的多元化

绝大多数高校对学生的考核评价的主体均局限于任课教师本人,这样考评结果会有不够全面、客观的缺陷。对于校企合作的高校来说,要根据课程的属性尽可能地优化这种考核评价方式,采用多元化的评价主体,不同的评价主体立场不同,角度不同,侧重点不同,对学生学习效果客观、公平和公正的考评程度就更高。

第一,学生自评与学生互评相结合。学生自评指的是学生对自我表现做出评价,实现自我认识、自我反思,使学生从过去的考评被动参与者转化为主动参与者,而在在自评的过程中,学生能在进一步巩固知识要点的同时提高学习意识和自控能力;学生互评指学生彼此之间进行评价,反思别人的同时也反思自己,通过其他同学身上的优点和缺点达到完善自己的目的。自评和互评的方式可以通过小组的方式实现。基于空中乘务岗位需求中提到的协作能力和沟通能力,从课程开设开始,就可以以乘务组编制为单位把班级学生分成一个个独立的小组。小组成员从自我评价开始,到小组成员之间互评,再到小组与小组之间互评。小组成员之间以及小组之间互评的方式,以换位思考的途径进一步加深了学生对专业知识的理解,增加团队间的沟通和协作,增强学生的集体荣誉感,同时也能实现改善协作方式,取长补短,共同进步的目的。

第二,教师考评与航空公司考评相结合。专业教师是教学的主体,能充分把握教学的总体目标,教学的重点难点是对学生进行考评的重要主体。作为合作办学的主体之一,航空公司有权利也有义务参与到学生的考评中来。航空公司可以派遣乘务管理人员现场参与学生考评过程,尤其是实践考评;也可以邀请一线乘务员参与到命题过程中,加大题目中案例分析和情境模拟题的比例。航空公司对学生的考核可以围绕两个方面。一方面是学生是否具备了空乘服务所需要的基本的客舱服务技能。另一方面考核学生是否具有空乘服务所需要的人文素养。尤其是考察学生是否理解、是否熟悉、是否认同本航空公司的企业文化。通过这样的考核,合作航空公司能不断优化培养过程,使合作培养的人才最大程度地满足自己的需求。同时,航空公司参与到考评中来,为学校考评提供了有效导向,使教学目标更加清晰,教学内容更加准确。

4.考核方式的多元化

第一,注重知识与技能相结合的考核评价方式。对那些和空乘学生专业技能培养密切相关的课程,要注重知识与技能相结合的考核方式。即是说,要注重知识与技能相结合的考核评价,要注重从对空中乘务专业理论知识的掌握程度,到对空中乘务服务技能的熟悉程度的考核评价,不能偏废其一。

第二,要注重结果性评价与过程性评价相结合的考核评价方式。长期以来,现代教学一直注重目标取向即结果性评价。其主要特点是,将教学计划或教学效果与预定的教学目标联系起来,根据教学结果的达标程度来判断教学价值,其达标程度的判断具体体现在期中考试与期末考试的结果。简单一点来说,就是以学生最后的那个考试结果作为学生的最终考核结果。应该说,这种考核评价方式有其存在的价值。但是这种考核方式也有其局限性,因为教育本身不仅具有结果性,还具有过程性,过程性中实际上也包含着受教育者的个性。正如后现代教学理念所认为的那样,世界是多元的,每个学习者都是独具特色的个体,不同的个体在受教育过程中会有不同的表现,会展现出不同的特质,教学不能用一个绝对统一的标准来衡量独具特色的学生的学习水平。所以,教学评价不仅要注重学生学习知识的静态结果,还要注重学生在学习过程中分析问题、解决问题的动态的活动过程,要注重对学生在日常学习过程中的表现、所取得的成绩和存在的问题等方面进行综合评价。对空乘学生的考核评价也要把结果和过程结合起来,要注重空乘学生期中期末的考试结果,也要注重空乘学生在学习过程中的个性化表现。

5. 考核角度的多元化

首先,课程考核是基础。在高等教育中,课程考核是衡量我们人才培养是否达标的主要途径。在空乘人才培养中,大多数专业课程的考核都会涵盖两大部分,一部分是对课程理论知识的掌握状况,另一部分是理论知识在实操中的运用状况。也就是说,课程的考核侧重于对该门课程理论知识的掌握以及学生将理论知识用于分析问题和解决问题的能力的考核。比如,课程民航法律法规,考核的是对民航法律法规知识的掌握程度和利用民航法律法规来分析和处理问题的能力等。所以,通过课程考核我们能够清晰学生对该课程领域理论知识的掌握成都和分析解决该课程设计的问题的能力,衡量出学生的学习效果和水平。课程考核坚持结果性与过程性相结合的考核方式。教师在教学过程中对学生学习情况进行有目的的收集,展示学生在学习过程中的努力、进步及成果。具体包括课程的平时作业、模拟测试、实践操作、回答问题、课堂讨论、试卷测试及学习态度、学习过程中合作交流的意识等。

其次,加大对实习期间的考核,尤其加大在航空公司实习的空乘学生的考核。实习考核从两个角度进行:一是实习航空公司的考核。航空公司培训部依据学生在培训期间的理论学习和实践操作,结合民航乘务员国家职业标准的工作技能要求,对学生在实习期间的总体表现进行进行的考核.二是学生实习回来后,学院对学生实习回来后提交的实习报告进行考核。

规范化的考评标准、多元化的考评主体及考评方式在考核学生学习成效的同时促进了学生的自我认知和自我发展,也能及时修正教师在教学过程中存在的问题。最后通过考评信息反馈,使考评真正的起到导向、诊断、反馈、激励的作用,进一步实现提升人才培养的有效性。

第七章　科学与规范:空乘人才培养教学管理

高校教学管理可分为宏观管理和微观管理两种,宏观教学管理"主要是指政府教育行政主管部分对各级各类学校和其他教育机构教学的组织、指导和管理"。微观教学管理"指大学教学管理者按照教学和管理活动的基本规律,对教与学双边交往活动进行计划、组织、协调、控制和评价,使其达到既定目标的活动或过程"。[96]我们这里探讨的是微观高校教学管理,即高校内部开展的教学管理,以高校微观教学管理来透视航空公司与高校联合培养人才的教学管理。

教学管理工作在高等学校管理中占有特别重要的地位,其内容既丰富又繁琐,1998年教育部颁布的《高等学校教学管理要点》把高校教学管理的基本任务定位为:"研究教学及其管理规律,改进教学管理工作,提高教学管理水平;建立稳定的教学秩序,保证教学工作正常运行;研究并组织实施教学改革;努力调动教师和学生教与学的积极性",高校的教学管理包括"教学计划管理、教学运行管理、教学质量管理与评价,以及学科、专业、课程、教材、实验室、实践教学基地、学风、教学队伍、教学管理制度等教学基本建设的管理"。[97]围绕此内容,我们从以下几个方面来探讨基于校企合作前提下的空乘人才培养的教学管理。

（一）健全教学管理机制

教学管理机制本质上是教学管理系统的内在联系、功能及运行原理,是决定教学管理功效的核心问题。健全的教学管理机制以树立科学的教学管理理念为前提,以完善教学管理制度为基础,以强化教学管理队伍为切入点。

1.树立科学的教学管理理念

教学管理理念是我们在教学管理活动中所遵循的基本原则及核心思想。校企合作下空乘人才培养的教学管理理念应坚持以人为本、服务至上和质量至上。

我们首先来看以人为本的教学管理理念。以人为本就是坚持人的自然属性、社会属性和精神属性的辩证统一,体现在实际管理工作中,就是要做到尊重人、关心人、理解人、依靠人。尊重人,就是要充分尊重教师和学生,在教学管理中应确立教学的核心地位,尊重教师的情感、需求;建立以学生为主体的教学体制,充分尊重学生学习的主体地位。关心人,就是要关心教师和学生,重视教师和学生的意见和要求。理解人,就是教学管理人员、教师和学生之间要加强沟通和了解,相互配合对方的工作。依靠人,就是指要在教学管理上,不要把管理任务局限在专职的教学管理人员身上,要充分依靠教师和学生,充分依靠专家、教授,由此形成一个力量巨大的合力,实现教学管理的最优化。以人为本的教学管理理念落地到空乘学生的教学管理上,可以在如下方面得到体现:其一,空乘人才教学培养方案的制定以学生的需求为前提。教学培养是教育理念在教学行为上的体现,所以,从培养方案中教学目标的确定、课程的设置到教学方法的运用等等,都以满足学生素质和能为的全面发展需要为前提,都必须以空乘学生的职业能力的培养和可持续发展为目标。其二,教学内容和资源的设置要以空乘学生学习目标为依据。促进空乘学生整体素质和能力的提高,就必须在整合教学内容、运用教学资源的时候,以学生的学习目标为依据,对教学内容和资源进行精心设计,实现学生收获想学的内容,且学有所用。其三,教学方法的选用要以适合空乘学生、促进空乘学生学习效率提升为目的。对于教学方法的具体选用,应注重如下几个原则:一是教学方法的使用要以突出教学内容重点、难点为原则。二是教学方法的使用要以培养空乘学生自主学习能力为原则。三是教学方法的使用要以适应信息技术变革为原则。

我们再来看"服务至上"的教学管理理念。"服务至上"就是在教学管理过程中要把为教师、为学生服务作为第一要务,突出教育的服务功能。首先要转变观念,把管理者的角色定位从管理者转变成服务者,树立服务意识理念,在服务中规范化管理,在管理中提供人性化服务,实现管理与服务过程的有机结合,一切管理工作从服务学生出发。其次,服务学生就是要为学生顺利完成各阶段的学习创造有利条件,在课程安排、学籍管理、教学资源提供、面授、辅导、考试、实践、证书发放等一系列工作中,都要考虑如何有利于学生。比如,有些空乘学生在刚进入大一的时候,由于对专业教学计划和课程安排不太熟悉而导致无法自主制定具体的学习规划。那么,教学管理者可以帮助学生了解相关课程的教学计划,帮助学生清楚地了解要学习什么课程,该具备什么样的知识与能力,从而能明确各阶段的学习目的,做好学习规划。

"质量至上"的教学管理理念就是指把育人质量、服务质量作为教学管理的最高目标。树立"质量至上"管理观就要对教学管理过程中的各环节,如教学运行、教学制度设置、教师、学生等进行有效管理,对管理的质量进行有效监控,为社会提供高质量的毕业生提供保障。

"以人为本""服务至上""质量至上"共同构成了科学的教学管理理念,三者相互作用,相互促进,引导着校企合作下空乘人才培养的教学管理有序高效运行。

2. 完善教学管理制度

教学管理由各个相互联系、相互依赖的教学环节组成,其制度的设计是否科学、是否有效,在一定程度上影响教学环节的实施效果和教学机制的运作效率。不断完善教学管理制度,是空乘人才培养教学管理的关键。教学管理制度的建设包含教学管理制度的设计,科学规范的教学管理制度的建立及教学管理制度的执行与完善等三个主要环节。

首先要完善空乘教学管理制度设计原则。教学管理制度设计的科学合理与否直接关系到教学管理制度的质量和水平,也直接影响教学管理的有效性。教学管理制度设计要注意两点。

第一,要追求教学管理的行政效率与教师学术自由的共赢。现代大学一方面是一个以知识与学科为核心要素组织起来的学术机构,另一方面又是一个具有行政管理倾向的科层化组织,二者相应就有可能形成学术权利与行政权利相互制衡的矛盾体,这对矛盾体投射在大学教学管理制度上就体现为追求教学管理效率与追求学术自由空间之间的矛盾。在教学管理中,如果过分强化行政权利、追求行政效率的话,就有可能弱化学术自由;反之,如果过于强化松散化的学术自由的话,则又有可能对行政效率和教学管理整体目标的达成带来挑战。因此,在进行教学制度设计的时候,我们追求在学术自由与行政效率之间寻求一个动态平衡,即我们的制度设计既要关注空乘教师从事学术的自由,亦要兼顾空乘教学管理的行政效率。

第二,要追求目标管理、法规管理和民主管理三者的有效统一,三者的和谐是衡量管理水平的主要尺度。目标管理强调自控,注重结果;法规管理强调依法进行,维护合法权益;民主管理强调师生共同。三者关系密切:一方面,民主管理依赖于法规管理。民主所要求的程序与监督都必须以一定的法规形式表现出来。另一方面,法规管理也要体现民主。法规制定的程序、内容都要体现民主。同样,目标管理的有效性需要民主管理、法规管理的紧密配合。由此,在完善空乘教学管理制度的过程中,要把目标管理、法规管理和民主管理三者有机结合起来。

其次,要完善空乘教学管理的具体制度,如完善教学组织实施制度、教学评价制度和教学管理组织等。

完善空乘人才培养教学组织与实施制度。教学组织与实施是教学运行的主要过程,包括从入学教育到课程教学、实践环节,课程考核再到实习和毕业设计等等环节,各个环节的衔接与管理都影响着教学的最终效果。从制度上对其进行规范是保障其实效性的关键。可以制定宏观层面的《航空公司与高校联合培养空乘人才教学组织与实施管理办法》,强调教学组织与实施的原则、方式和途径。同时对每个具体的环节制定相应的教学组织与实施管理办法。比如,针对入学教育,我们可以制定《入学教育的组织与实施管理办法》,对入学教育的主要目标、入学教育的基本内容,入学教育的实施要求及基本程序等进行严格的规定和管理;针对实践教学,我们可以制定《实践教学的组织与实施管理办法》,对课程的实践、专业实习、毕业论文等实践环节的主要内容、基本要求、考核方式方法以及实习实训教学基地建设等做出具体规范;针对课程考试,我们可以制定《课程考试的组织与实施管理办法》,明确课程考试的形式、成绩计算办法以及组织方式等等。

完善空乘人才培养教学评价制度。教学评价是教学过程的最终反馈阶段,是对教学过程的实施与完成情况做出的一种反馈。通过完善的评价制度可以真实地反映教学的有效性程度,有助于促进人才培养质量的提升。可以制定《航空公司与高校联合培养空乘人才教学评价办法》,确定教学评价的对象、教学评价的标准和原则、教学评价的基本内容、教学评价的组织实施与工作流程、教学评价结果反馈及教学评价结果的应用等。

再次是要完善教学管理机构。教学管理制度的建设和教学管理行为的完成,需要多部门相互配合与协调,因此,非常有必要建立和完善"校企协同、校企联动"的教学管理机构。这个管理机构由航空公司和高校共同组成,且共同进行管理。该教学管理机构可以以学院为统筹,以空乘教研室为主体,以学院教学行政管理为载体,航空公司适度参与为原则组建而成,具体负责制定教学计划、教学管理制度、教学评价制度;负责组织和协调教学运行过程、负责教师管理、学生管理与教学管理人员管理;负责人才培养问题与效果的反馈等。

3. 强化教学管理队伍

在教学管理过程中,教学管理人员扮演着十分重要的角色——既是实施者又是组织者,教学管理人员对教学质量的提高有直接促进作用,这就要求我们对教学管理人员进行有效管理,积极强化教学管理队伍。

首先,要加强教学管理队伍业务技能的培训,提升教学管理人员素质。熟练掌握教学管理的各项业务技能是对教学管理工作人员的基本要求。在绝大多数高校,教学管理人员特别是学院的日常教学管理人员基本上是由学历层次不高的且流动性比较大的人员承担,这就要求教学管理部门必须有针对性地对教学管理人员进行高强度的业务技能培训,整体提升教学管理人员业务水平,这样才能保证教学管理的有效性。

教学管理人员业务素质的提升要从以下几方面着手:其一,提升教学管理人员的职业道德素质。教学管理所从事的事情事关教学运行的成败,所以教学管理人员必须具有严谨的工作态度和高度的责任心;同时,教学管理的事情又相对比较复杂和繁琐,这就要求教学管理人员必须有吃苦耐劳的精神和细心耐心的工作态度。其二,提升教学管理人员的业务管理知识与能力。教学管理人员应该懂得一些与教学管理相关学科的理论知识,如高等教育学、管理学、心理学等的相关知识;要较熟练地掌握日常教学管理业务,如教学计划管理、课程的编排与调动、学籍管理、考务管理、学生选课管理等;还要懂得师资队伍建设管理方面的相关知识等。其三,提升教学管理人员的组织协调能力。教学管理人员的组织管理任务主要表现在教学运行过程,组织教务、组织考务;组织通知协调相关老师进行制定完善教学计划、组织通知协调相关负责人开展组织学生实习、开展组织学生毕业设计、开展组织教师的考核考评等等。教学管理人员组织管理能力就表现在如何充分运用人力、物力资源,完成如上组织管理任务,保证各项教学管理制度能得到有效的贯彻执行。协调能力指的是与多个部门、多个成员互相配合的能力,教学管理协调是全方位、多层次的,且非常复杂。既关系到领导也关系到教师,还关系到学生。因此,教学管理人员的协调工作应注意处理好与本部门领导、相关部门领导的关系;处理好与教师、学生之间的关系;处理好与其他职能部门的关系。其四,要提升教学管理人员的现代化办公管理能力。办公的现代化、信息化、网络化、数字化已经深刻地改变着学校的教学管理模式,因此,掌握现代化的管理技术,具备现代化办公管理能力是教学管理人员的符合时代发展的基本职业素养。现代化的教学管理人员要掌握基本的 windows 操作系统、office 文字和数据处理软件,能熟练地进行文字编辑、表格处理;要能充分使用校园网、学校教学管理软件;要能掌握操作各种现代化的教学设备等等。面对当下已经形成的无纸化办公状态,进一步提升教学管理人员熟练掌握和运用现代化办公手段成为应然。其四,要提升教学管理人员的语言文字基础。从口头表达能力到写作能力,都是教学管理人员做好管理工作的必备条件。其五,要具备优良的心理素质。教学管理面对的群体比较复杂,工作内容也比较繁琐,自然会遇到到各种矛盾和问题。因此,具备良好的心理素质有利于管理人员应对各种复杂问题的处理,有利于教学管理人员处理好各方面的关系,提高教学管理效率。

进行多方式多途径的讲座与培训等,是提升教学管理人员职业素质的有效途径。除此之外,要提升教学管理人员的整体水平,下大力度吸引教学管理类专业的毕业生来从事教学管理工作,使现有的教学管理队伍成为一支既懂教学管理基本理论,又熟悉空乘人才培养专业建设情况,还善于开拓创新的队伍。

其次,要激发教学管理人员的工作热情和工作积极性。教学管理人员工作热情和工作积极性直接影响管理效果和效率,所以,激发教学管理人员的工作热情和工作积极性就非常有意义。满足教学管理人员的基本需要、对教学管理人员的工作上予以充分的肯定是有效激发教学管理人员工作热情的主要途径。积极心理学认为,"加强个体的积极情绪发挥,能预防产生各类私理问题和疾病,还能进一步使认知领域得到扩建,促进抵抗压力和逆境能力的提高,能在逆境中产生更高的工作效率"[98]。反之,消极情绪则会带来服务意识的削弱,会带来工作效率的减低。所以,学校管理层应该注重调动教学管理人员的积极情绪,促进管理人力资源队伍的稳定。

再次,要增强对教学管理人员的人文关怀。人文关怀主要指尊重人的主体地位和个性差异,关心人的个体需求,激发人的主动性,促进人的自由全面发展。一个充满人文关怀的环境一定有利于教学管理人员的工作状态。教学管理人员是否感受到了人文关怀直接影响其对工作的投入状态,直接影响工作效率。因此,我们要加大对教学管理人员的人文关怀力度,要从明确教学管理人员在教学管理中的主体地位开始,要从提高教学管理人员的薪酬待遇,进一步保障教学管理人员各方面的福利和权利入手,要以建立有利于教学管理人员终身可持续发展的机制为目标。这样才真切地体现了对教学管理人员的人文关怀。

最后,我们也不能忽视对教学管理队伍的考核管理。考核的进行是为了促进管理质量的提升,科学的考核机制是客观的考核进行的基础,所以,要探索和研究适合教学管理队伍工作和发展的激励考核机制,比如,可以采用竞争激励与责任约束机制,即对优秀的教学管理人员进行激励,对无法胜任教学管理岗位的教学管理人员转岗或者淘汰,这样就能充分调动教学管理人员的积极性,并在竞争激励中不断进步与成长。

(二)优化教学运行管理

教学运行管理指按照一定的原则和程序对整个教学活动运作进行的管理。主要包括教学计划管理、教学过程的组织管理和教学行政管理。教学运行管理的目标在于,通过教学管理队伍、教师和学生协同,保持教学工作稳定运行,保证教学质量稳步提升。

1.教学计划管理

"教学计划是在国家教育行政部门的宏观指导下,学校依据一定的教育思想和教育目的制定的,关于某一专业或某一类人才所需的培养目标、课程设置、课程内容以及课程组织结构等方面的规定,是学校实施教育教学工作的指导性文件。其内容主要包括:专业培养目标、基本要求与专业方向;学制、修业年限;课程设置(含课程类型、学时分配、修习方式、开课时间、实践环节安排等);必要的说明(含各类课程比例、主干课程内容简介、学期时数安排等)。"[99]教学计划是学校保证教学质量和人才培养规模的重要文件。教学计划管理包括教学计划的制定和教学计划的实施安排。

教学计划的制定是教学计划管理的第一个环节。在校企合作背景下,空乘人才培养的教学计划是高校和航空企业共同研究制定的。首先,确定空乘人才培养目标是制定教学计划的前提条件。在社会大变革的背景下,民航服务业也处于一个变化发展的状态,因此,民航用人单位对于专业人才的技能要求,也处在一个动态变化的状态之中。所以,在空乘人才培养的过程中,尤其是采取校企合作模式人才培养的高校,一定要结合航空公司——学生主要就业单位的需求,结合空乘服务业的职业特点,基于学校发展定位与社会需求的前提,对本校空中乘务人才的培养目标和毕业要求进行严格论证,科学制定。具体制定的时候,应该邀请校内的相关专家、合作航空公司的管理人员、行业内专家以及在职空乘人员等参与,所制定的人才培养目标应该围绕空乘人员的岗位胜任力,结合学校特色,并适当体现学生个性化的发展特色。

其次,制定教学计划应遵循一定的基本原则。比如保障学生全面发展的原则、遵循教育规律的原则、理论和实际相结合的原则、因材施教的原则等等。在这原则的指导下,教学计划的制定要关注如下几点:一是要遵循高等教育教学规律,以培养学生全面发展为目标。虽然校企合作培养空乘人才是以满足企业需求为目标,但遵循高等教育教学规律是其前提条件,培养学生优良的综合素质和可持续全面发展是教育的终极目标,所以,要处理好航空公司空乘人员的需求与高校教学规律的关系。二是要主动适应高校和航空公司空乘职业发展需求。要广泛开展市场调研,准确把握民航业发展对空中乘务专业人才的需求情况,依据空乘服务职业岗位所需要的知识、能力和综合素质结构来制定教学计划。三是要突出应用性和针对性。教学计划一定不能仅停留于文字表面的描述,一定要有极强的应用性和针对性,要针对航空公司空乘人才的需求、空乘服务的标准制定有效的教学计划。四是要加强理论与实践的有效结合。在充分认识理论知识的重要性的同时,强化实践教学的思想。既要安排好理论教学,提升空乘学生对课程理论知识的深入认知,还要着重加强实习实训实践教学环节,使学生在深厚的理论知识的土壤里,还能得到较为系统的基本技能训练和专业技能训练。五是要从空乘人才培养单位和航空公司的实际出发,结合空乘人才培养目标,积极探索适合航空公司和高校共同培养空乘人才的办学模式。

再次,教学计划的内容一般包括:其一,确定招生对象和招生要求,校企合作培养本科人才首先要在学生生源上把好关,所以教学计划要对生源质量有严格规定。其二,确定空乘人才的培养目标、基本要求。其三,确定4年的修业年限。其四,确定课程的设置,包括课程性质、类型、教学学时和学分分配、教学方式、开课时间、实践教学项目名称、实践教学内容环节安排等等,在校企合作条件下,尤其要体现出校企合作的课程特色;要科学安排理论课程与实践环节的授课进程,安排好与合作航空公司的实训环节。其五,教学进程总体安排。从总体上对教学计划制定和审查、备案工作要求与执行流程做出规定。

最后,教学计划的制定要遵循一般程序。首先是要理解国家、政府、学校及行业与空乘人才培养相关的文件精神及相应规定；然后要进行广泛调研，明确航空公司对空乘人才的需求和要求，对空乘人才的培养目标进行科学论证；在教务处提出制定教学计划的实施意见及要求之后，由具体负责空乘人才培养单位组织空乘教师、航空公司人员共同参与制定教学计划方案，经培养单位教学工作委员会讨论审议、校教学工作委员会审定、主管校长审核签字后下发执行。

制定好教学计划之后，教学计划管理就进入第二个环节——教学计划的实施环节的管理。一般来说，空乘人才培养教学计划总体的实施进程是以学校教务处安排为标准，比如教务处负责编制分学年、分学期的教学进程计划，落实每学期课程及其他教学环节的教学任务、教室和场所安排、考核方式等；而具体的教学计划执行是由空乘人才培养单位进行管理，比如，单项课程的计划管理、课程实践教学环节的管理，航空公司实习实训计划管理等等，都由空乘学生培养单位或者航空公司一起进行管理。另外，教学计划实施管理还要关注一个问题，就是对于审定后的教学计划中所列各门课程、环节的名称、学时、开课学期、考核方式、开课单位和任课教师等等，原则上是不能随意改动的。但如果在执行过程中确实需要进行调整的，要严格按照审批程序执行，同意后才能进行调整。

从教学计划制定到教学计划实施，教学计划管理要把握如下要点：其一，空乘人才培养单位要联合航空公司，及时掌握航空公司空乘人员需求信息，共同研究空乘人才培养教学计划的制定。其二，教学计划管理制度编制要由空乘人才培养教学指导委员会参与编制。特别是空乘人才培养目标的确定，空乘人才培养目标岗位群的确定等必须有航空公司的相关专家参与。

2. 教学组织管理

撰写课程教学大纲的组织管理。要按照已经制定好的教学计划组织教师撰写课程教学大纲。其一，有的课程教学大纲可以参照教育部组织制定或推荐的教学大纲，比如国家规定的一些必修的思想政治教育课程和通识教育课程，《马克思主义基本原理概论》《职业生涯规划与就业指导》等。其二，大部分课程的教学大纲都应该围绕课程目标来写，要服从课程结构及教学安排的整体需要，要体现课程教学的重点难点，展示课程教学使用的教学方法、要明确各章节学时分配，并对实践性教学环节和考核要求有必要的说明。其三，教学大纲撰写完毕后经空乘学生培养单位、航空公司和学校相继认定之后，方可施行。每位教师在教学过程中原则上都应当严格执行教学大纲。如果要对教学大纲进行调整,必须按程序进行报告,批准后方可调整。

教学环节的组织管理。教学环节相对比较复杂,其组织管理的涉及面也比较广,主要有:其一,对授课教师的选拔管理。要选聘学术水平高、教学效果好的教师担任主讲教师,对空乘的技能型课程,必须要有丰富经验的最好有空乘服务经验的教师担任。其二,对教师课堂讲授的管理。可分为教师授课前的管理和教师授课后的管理。教师授课前的管理主要是对新开课或开新课教师进行的授课管理,对于空乘教师来说,必须经过所开课程各个教学环节的严格训练才能真正走上讲台对学生进行课程的课堂讲授。所以,非常有必要建立岗前培训制度,加大力度对新开课和开新课教师的培训。教师授课后的管理主要是对教师课程教学的过程管理。其三,要组织编写或选用与空乘人才培养相关的高质量的教材及教学参考书。组织任课教师认真讨论教学大纲以及教案的编写。其四,要组织任课教师研究适合校企合作模式下空乘人才培养的教学方法;组织教师学习并采用现代教育技术,扩大课堂教学信息量,提高教学质量。其五,要关注并强化空乘学生实践性教学环节的组织管理。实践教学是教学过程中一个极其重要的教学环节,特别是对于实践技能要求特别高的空乘人才培养来说,实践性环节是不可或缺的。空乘人才培养的实践环节可以涵盖几个方面:一是课程本身就有的实践内容,如思想政治教育必修课程思想道德修养与法律基础就有实践性环节的内容;专业必修课客舱服务礼仪也有实践性环节内容。二是专有的专业性实践环节,如客舱服务,紧急撤离等,还有与高校合作的航空公司的个性化的教学实践安排等。三是毕业论文环节。毕业论文是对整个大学四年专业学习的一个总结,这个环节要符合教学要求并尽可能结合实际任务进行。高校对于空乘学生毕业论文的要求没有像其他专业那么高,甚至采用调研报告的形式,但这个调研报告一定是围绕自己所实习的内容来写,如果在合作航空公司实习的话,就要写在航空公司的实习报告。所有的实践环节都要有科学规范的教学大纲和计划,并要有相应的严格考核。为了保证实践环节的顺利进行,应尽可能建立保证完成各类实习和社会实践任务的相对稳定的校内外实践基地。合作航空公司在其间要承担起建设实习实训基地的任务。其六,组织和管理学生进行科学研究训练。空乘人才是一种偏重于实用型的人才,但也不能忽视对学生进行科学研究能力的培养。一方面,高校可以组织有经验的教师对学生进行指导,充分利用空乘教师科研项目的机会,把空乘学生带进项目,提升空乘学生研究事物的能力;另一方面,航空公司也可以以项目的形式吸引空乘学生参与研究,激发空乘学生的研究兴趣和研究欲望。最后,要

建立教师彼此之间展开教学观摩活动,自评互评教学质量的制度

日常教学管理。要对教学计划中制定的所有内容及其执行情况进行监督、检查,及时处理执行过程中出现的问题或事故,及时表扬教学过程中值得推广的行为,以保证空乘人才培养教学秩序的稳定,推动教学管理质量的提升。

3. 教学档案的管理

教学行政管理是由学校相关部门与空乘培养单位,从行政角度对教学运行过程共同进行的管理。

学籍管理是基础。学生的学籍就是学生在学校的身份证,记录了学生在校期间的成长轨迹。从学校的层面来说,学校应制定本校的学籍管理办法,并建立空乘学生的档案。学籍管理主要包括对学生入学注册、成绩考核、奖励、处分、对升级、留级、转学、休学、复学、退学的处理等的管理。对于具体培养空乘学生的院系来说,与之相应的基础性工作都需要提前做好,提交到教务处备案。

教师管理是关键。教师管理包括教师的职业管理和职业发展管理。先来看教师的职业管理,即是对教师工作状况的管理。从学校的层面来说,要根据学校教学工作总量和规定的师生比要求,确定学校教学编制,对于校企合作的空乘人才培养单位,要适当考虑兼职人员的比例;要分别制定必修课与选修课、基础课与专业课、理论课与实践教学环节等不同性质、不同类别课程的工作量管理办法。对于具体培养空乘学生的院系来说,要做好教师工作量的考核工作,主要包括教学任务完成情况,教学质量及效果、教书育人、教学改革与研究、科学研究等情况,根据这些情况对教师每年的工作做出考核。另一方面是教师职业发展的管理。在教师日常工作管理的基础上,注重教师自主的职业发展管理,尽可能提供机会,创造条件促进教师对职业发展的规划和行动。比如,对于空乘教师来说,我们可以设计常规化的教学比赛的方式来提高他们的教学水平,而且把比赛结果作为量化考核、评优评先和职称晋升的重要依据,还可以鼓励空乘教师进行学历学位提升教育,帮助空乘教师对教学发展做出科学规划并为其创造实现规划的条件。

教学资源管理是核心。教学资源是为教学的有效开展创造的条件,通常包括教材、案例、影视、图片、课件及基础设施等。我们这里主要讨论的是教学基础设施特别是实训实践场所的管理。因为高质量的空乘人才培养离不开高质量高效率使用的实训场地。除了搞好正常的必须的教室、实验室、场馆等教学设施的合理配置和规划建设之外,和其他注重实践场地的专业一样,空乘人才

的培养更需要关注实训场地的建设与使用。一些实训场地,比如用于客舱服务的模拟舱、用于形体训练的场地的建设、使用与管理等等,都需要学校和院系予以足够的重视。尤其是要增强一些教学资源实用制度和管理者的服务意识,树立学生、教师、管理者都是主人翁的意识,都有支配使用教学资源的权利和途径。比如一些特殊场地的使用申请制度,以满足学生除上自习之外进行其他拓展活动的需求。通过该制度教师上课也可以有一定的灵活性,例如形体训练这门课,绝大部分是面授课时,有时还要对学生进行特别的辅导,学生有时也希望多些额外的练习,通过场地使用申请制度,既能满足教师学生对教学资源的临时需求,也能使教学资源更加合理分配。

教学档案管理是必然。教学档案是在教学活动中形成的具有查考价值并经过整理归档的文件材料,是教学运行的静态呈现。它对我们总结经验、开展系统研究、进行教学评估和评奖评优等活动起到了依据性的作用。加强教学档案的管理工作,使教学档案为教学活动提供准确的教学信息,有利于提高和保证教学质量。

教学档案管理主要涉及教学档案的收集、整理、鉴定、保管、利用和统计等方面,学校应建立必要的教学档案管理机构和档案管理制度,明确各级各类人员职责,确定各类教学档案内容、保存范围和时限。基础性的教学档案基本上是在各院系按专业进行分类归档管理。如对专业教学计划、教学状态、命题考试、学生学籍、教师工作量和业务考核、教学工作年度和典型经验总结等材料进行分类归档管理。这些档案的管理都应该是专人负责,每年根据教学档案材料的内容进行分类、整理、编目和排列。

4. 教学基本建设与管理

教学基本建设包括人才培养的学科建设、课程建设、教材建设、实践教学基地建设等的管理。教学基本建设是保证教学质量的最重要的基础性保障。

学科建设与管理。对于空乘人才培养来说,学科建设是最尴尬的事情。从目前教育部的相关文件来看,我国空乘人才的学科归属一直没有一个明确的导向。因此,各人才培养单位只能根据自己学校的特色和专长对空乘人才培养进行学科归属。鉴于此,空乘人才的学科建设应该是分类别、分层次的。在与航空公司合作的过程中,除了适应与满足航空公司的需求外,还要加强特色研究,丰富空乘人才培养的空间,扩大空乘人才培养的学科归属。因此,有必要成立学科建设研究机构,加大学科建设,强化与空乘人才培养相关学科的研究;有必要设立学科建设的奖励机制，促进空乘人才的学科研究。

课程建设与管理。课程建设是人才培养的核心，首先要关注课程建设与管理的理论研究，明确课程建设与管理的总体目标、任务、指导思想和原则。其次要对课程建设的具体过程进行充分管理，如对课程建设规划、系列课程建设、课程体系的改革等进行科学管理。再次，要将重点课程建设和优秀课程评选管理作为一项整体工作，坚持评建结合，以建为主。

教材建设与管理。教材管理工作以提高教材质量，保证教学需要；维护教学秩序，维护学生利益；为教师提高学术水平服务；讲求管理科学性、合理性，提高教材管理效益为原则。一方面，成立具有丰富空乘教学经验和较高学术水平、热心于教材工作的教师组成教材选定小组，鼓励选用国家优秀教材。空乘本科人才培养已历经近 20 年，其间产生了不少优秀的课程教材，鼓励教师选用优秀教材有利于人才培养质量的提高，另一方面，要鼓励自编和自己出版教材，制定奖励自编教材和出版教材的行为，特别是要奖励那些结合自己办学特色的校本教材。根据空乘人才培养教学计划，结合教学改革需要，有计划有组织地做好教材建设规划工作，支持和鼓励空乘老师编写出版学术水平高、内容新、具有本校办学特色的教材；重视并组织校内讲义及辅助教材的编写、印刷工作，做好教材配套工作，丰富教学内容。同时，要做好教材的预订工作和发放工作。

实践教学基地建设与管理。实践教学基地的建设与管理在空乘人才培养中具有举足轻重的作用。首先要做好实践教学场地的建设与管理。建立质量高、技术新、有特色的实训基地是搞好实践教学的先决条件。比如中国民航大学乘务学院就围绕空乘人才培养，先后建立了多个校内实践实习场所：职业形体教室、职业形象塑造教室、737－80 飞机客舱、服务模拟训练舱、CBT 教室、散打教室、校内应急技能训练基地等。其次要健全实践教学基地建设管理规章制度，为实践教学基地规范管理提供制度保障，提升其使用效率。再次是要做好校内实践基地的管理，对校内已有的教学实践场地进行规范管理，并使之成为可模拟职场技能训练的课内外实践教学基地。

（三）教学质量管理与评价

保证和提高教学质量是教学管理的最终目的。作为校企合作中的利益相关者学校、航空公司、空乘学生、空乘教师都是空乘人才培养教学质量的评价主体，同时也是影响空乘人才培养教学质量的内部因素，教学质量管理与评价就是要建立通畅的信息反馈网络,通过不断改善影响空乘人才培养教学质量的内部因素和外部因素来促进教学质量的提高,促进校企合作空乘人才培养质量的提升。

1. 建立分级的教学质量监控与反馈体系

建立分级的教学质量监控与反馈的方法体系,实现对于教学质量进行分级监控分级反馈,使教学质量监控无死角。分级是要把教学质量监控人员和反馈人员分级。我们可以将教学质量监控分为四级来进行:以主管院长为守的院教学委员会为一级监控;以教学管理部门和督导小组组成的二级监控;以教研室主任组成的三级监控;以教师和学生组成的四级监控。空乘学生培养层面的教学质量监控亦在这四级覆盖之下。把教学质量反馈分为三级,院级反馈为一级反馈;教学管理部门考核反馈为二级反馈;教师互评和学生评价反馈为三级反馈。这种反馈还可以通过三个具体的途径实现。一是督导组的信息反馈。督导组可以由学校专家和院级专家共同组成,航空公司与高校合作的还可以增加航空公司的成员,通过对教学过程的检查,深入了解教学存在的主要问题,并及时向相关人员、相关部系反馈教学和教学管理方面的意见和建议。二是学生信息的反馈。通过学生的授课评价,将教师的授课方式、教学内容和课程安排等问题反馈给相关教师或教学管理部门。三是教师的信息反馈,通过教师互听课、讲课比赛的形式,对教师的教学情况进行反馈。空乘学生培养层面的教学质量反馈亦在这三级覆盖之下。当然,我们还可以在校园内设置教学信息反馈箱,任何人都可以把对教学管理问题反馈到信箱中,教学管理部门定期打开信箱总结其中反馈的问题进行解决。分级监控和反馈机制解决的是监控力度不足和反馈渠道单一的问题。

2. 建立教学督导制

成立教学督导小组。教学督导组由学院层面的和空乘教学系部的有教学经验的教师组成,既可以是在任在职的专职教师来兼职担任,也可以是已退休的教师返聘回来专职担任。通过教学督导组的成立健全教学质量监控体系,能够起到全面了解教学运行情况、及时掌握教学信息,保证教学活动有序运行的作用;还能够有效帮助青年教师提高教学水平,促进其教学质量的提高,特别是对空乘教师这个相比比较年轻的教师队伍来说更有价值。

健全教学督导工作制度,规定教学督导组职责。教学督导工作制度是为了规范督导组成员的工作,对督导组成员的构成、督导组成员工作的内容和程序、督导组的权利和义务都予以明确规定,能更有效地保障督导工作的运行。在督导工作制度当中,对教学督导组职责的规定是核心。教学督导组的主要职责有:其一,对教学的运行情况进行检查和监督。通过听课和检查教学文件,了解教师的授课情况、学生的上课情况和教学管理部门的运转情况,查找问题,分析问题产生的原因,提出解决问题的办法。其二,总结和评价教师的教学情况。推广优秀教师的教学经验,并对教学质量存在问题的教师的教学进行跟踪调查,根据其教学中存在的问题进行有针对性的指导。其三,开展专题督查。比如"毕业论文质量问题"督查,对毕业论文(设计)的选题与答辩、写作流程与写作规范、教师指导情况等进行督查,提升毕业论文质量管理。如"公共外语教学质量问题",这是空乘人才培养中的一个棘手问题。空乘学生文化基础差,外语水平不高,而空乘职业素养中有外语的要求,所以,督导空乘学生"公共外语教学质量问题",既有利于教学管理,又有利于促进空乘人才的培养。

教学督导制的建立对于提升空乘教师特别是年轻空乘教师的教学水平和教学质量意识具有极大的促进作用。

3. 建立教学质量保障检查制度

教学质量检查包括教学各个环节质量标准的执行,教师的课堂教学质量、听课制度的落实,教学管理部门和教学辅助部门的管理、服务质量等等。教学质量检查情况如何,是否行之有效是教学监督工作成败的关键。

要做好全过程质量检查管理。从招生环节开始就要把好质量关——空乘学生的招生在复试环节可以适当引入合作航空公司的人员进行把关,从学生的源头开始把航空公司的需求结合起来。当然,最重要的是做好整个教学运行过程的质量管理,从教学计划的制定和分步实施,到教学过程各个环节,到教学辅助过程如图书资料及教学场地的服务等等,再到考试管理及授课工作总结等等,都是有关过程质量检查管理的重要环节,都是要引起我们极大关注和重视的环节。

教学管理部门的质量检查主要涉及教学运行工作检查、考务工作管理检查和实习实践管理工作检查等。教学运行的检查主要采用定期检查、经常性检查和重点检查三种形式展开。定期检查一般分为三个阶段进行,第一阶段是学期初,主要以教学前的准备为重点的检查。第二阶段是学期中,主要以教学进度、教学内容为重点的检查。第三阶段是学期末,主要以课程总结为重点的检查。经常性检查贯穿整个学期,主要以学生到课率、教师调停课情况为重点进行的检查。重点检查就是比较深入的有针对性的检查,比如根据学生反映比较强烈的问题进行专门深入的检查,或是根据教学改革创新课程的内容进行的重点检查。考务工作管理检查主要是试卷归档、考试安排、学生考风这三个方面。实习实践工作的检查主要围绕实习实践学时是否安排完整、学生实习实践情况、实习手册、实习报告是否齐全等展开。

听课制度是教学质量保障检查的重要制度。听课制度有两种,一种是对新开课、开新课的听课制度。两种情况被定位为新开课,一是新任教师首次独立承担一门课程的教学。二是教师第一次独立承担本人未曾讲授过的课程的教学。开新课是指在任教师承担学校未曾开设过的课程的教学。无论是新开课还是开新课,教师都要先提出申请,要提交书面的授课计划、教学大纲、所授课程全部内容三分之一以上的课件等教学文件供学院组成的专家委员会审核检查,然后组织领导和教研室老师共同听课,最后提出能否开课的意见和建议。三是教师互听课制度。主要是教研组教师之间开展听课,要求听各教研室内部每位教师所授各门课程,认真做好每门课程的听课记录,然后再进行教研活动交流,促进教师教学质量的提升。

建立学生对教学质量的反馈制度。学生是教学关系中"学"的主体,是教学质量及教学质量评估的直接关系人,所以,学生在教学质量的反馈中要占主体地位,要关注调动学生在教学活动中的积极性和主动性。因此,学生对教学质量的反馈制度的建立要以此为原则。定期召开学生座谈会制度是学生对教学质量进行规范反映的可行途径。座谈会采取自由发言的方式,由学生代表轮流发表对学院教师教学、教学设备以及思想、学习、生活上存在的一些问题的看法,并提出意见与建议。学院针对学生提出的意见和建议进行研究与解决,并把最终结果反馈给学生。

4. 建立健全教师教学评价系统

教学是高校的重要职能之一,教师教学评价是高校教育管理中的重要问题,也是一个难题。教师教学评价系统是教学质量控制的重要机制和手段,主要是基于监督系统提供的信息,以科学的评价指标体系、数据处理方法获得对教学质量诸因素的定量与定性分析结果,并做出价值判断,再将判断结果输送给管理系统作为决策依据。教师教学评价系统的科学性和公正性会给教学管理、教师教学、学生学习等方面带来非常积极的影响。

科学、客观的教师教学工作评价可以提高教学质量和教师管理科学化水平。一方面，教师教学工作评价可以提高教师对教学工作的重视，使教师最大程度地投入教学工作中，最高水平地发挥自己的教学能力，最大程度地促进教师的职业发展。另一方面，科学、客观地对教师教学工作进行评价有利于促进教师和学生之间、教师和管理人员之间的相互了解、相互理解和相互认同，实现管理水平的提高。因此，学校和院系要成立一定的组织形式如教学工作评价领导小组来对教学工作进行评价。教学工作评价要采用激励机制和约束机制相结合的方式，通过评价调动教师的积极性，也惩戒一些影响教学质量提升的行为。

教师教学评价内容。对教师教学工作的评价不能片面，而应该是多方面多角度并且能够适应当代教育发展形势而进行的教学评价，才是有效的教学评价。教师教学评价内容应包括教师的教学内容、教学方法、教学手段、教学效果、教学态度及教师的师德等的综合考查。

教师教学评价方式应该是多角度的。一是通过教考分离的评价方式对教师的教学质量做出评价。教考分离即将教师教学和学生考试分开，任课教师只负责教学，不参加考试命题。考试由教研室统一组织，包括出试卷、制定标准答案以及评分标准、评卷等。教考分离对教师的教学水平是一个考验，学生的考试成绩在某种程度上来说就是评价任课教师教学效果的指标之一。二是以学生为主体对教师教学的评价。目前，学生作为主体参与教师教学评价已经成为高等学校普遍的评价方法。学生作为教学活动的对象，是教师教学评价的重要主体。一般情况下，参与评价教师教学的学生人数越多，评价的信度与效度越高。三是督导性评价。即通过学校学院成立的督导组对教师进行教学评价。此外，还可以采用开展座谈会、开设意见箱和建议栏等方式进行教师教学评价。

第八章　多方协同:空乘人才
培养师资队伍建设

师资队伍的整体素质和水平是影响高等教育的核心要素,如《国家中长期教育改革和发展规划纲要(2010-2020年)》所指出的那样,"教育大计,教师为本。有好的教师,才有好的教育。要加强教师队伍建设,提高教师整体素质"。[100]空乘教师的整体素质既是高校人力资源的体现,也是促进高等教育发展的重要力量。更为重要的是,空乘教师是航空公司与高校联合培养空乘人才体系中不可或缺的核心要素。因此,加强空乘教师队伍建设,是合作培养人才成功的关键。

(一)反思:空乘教师队伍建设的地位与作用

师资队伍是高校人力资源队伍的主体,是推动高校发展的决定因素,也是参与和推动地方经济社会发展的重要力量。空乘教师队伍作为空乘人才培养的主体,其职业道德、教学水平、科研能力等,在空乘人才培养中占据非常重要的作用。

1.高素质的师资队伍是形成空乘人才培养特色的关键

高等教育发展的历史告诉我们,高校的优势来源于办学特色,办学特色的形成源于高素质的师资队伍。人才培养、科学研究、社会服务、文化传承创新是我国高等教育所承担的重要职能,只有依靠教师的承担和执行才能保证四大职能的实现。可以这么说,高校师资是教育之本,是高校改革和发展的核心竞争力,说到底大学间的竞争是人才的竞争,师资水平是高校办学水平和社会评价的关键。因此,加强师资队伍建设成了高校人力资源管理的重点。根据人才培养目标,不少高校提出了打造高学历、高职称师资队伍的目标,不少高校根据自身办学特色,通过各种方式打造一支高素质师资队伍,为形成自身办学特色奠定基础。

同样,高校空乘人才培养要办出特色,也必须要有一支高素质的空乘教师队伍,这支高素质的师资队伍发挥自身优势,努力适应航空公司和民航业的发展需要,围绕空乘人才办学宗旨和办学任务促进空乘人才培养的特色发展。因此,高校和航空公司要根据共同的办学目标和办学条件来协调建设好空乘教师队伍。

2. 高素质的师资队伍是提升空乘人才培养质量的关键

人才培养质量是高等教育的生命线,而师资队伍质量的高低是影响人才培养质量的关键。因此,是否拥有一支综合素质高、业务水平能力强的师资队伍既决定了高校是否能培养出一批高质量的人才,也决定了一所高校的命运。在空乘人才质量培养中,空乘教师也占据着如上的地位,起到了如上的作用。

空乘教师在空乘人才培养质量的主体作用体现在空乘教师是空乘人才培养工程的组织者和实施者。空乘人才培养过程中最重要的一环是课堂教学质量,高水平的教师是确保课堂教学质量的关键。高水平师资有利于空乘学生理论知识的掌握和实操能力的提升。高水平的空乘教师能把从事科研、教研活动的思维方式和优秀成果带进教学活动,以此推动空乘人才培养质量的提升。教师在教学中结合自身的科学研究思维和科研经历,把发现问题、解决问题的思路传授给空乘学生;教师还可以把最新的科研成果带进课堂、带进教材、带进学生头脑,利用科研成果更新教学内容;空乘教师还可以结合自己承担的科研教研课题,指导学生科技创新活动和毕业论文设计。

总之,空乘人才培养中的每一个体系和每一个环节都离不开空乘教师的参与,因此,加强空乘师资队伍建设是提高空乘人才教学质量、提升人才培养质量的重要措施和根本保证。

3. 高素质的师资队伍是加深空乘人才培养内涵建设的关键

内涵建设是一种追求质量和特色的建设,对于增强空乘人才培养实力至关重要。空乘师资队伍是空乘人才培养内涵建设的重要实施者和承担者,事关内涵建设的成败,所以必须加强空乘师资队伍建设。

第一,加强空乘师资队伍建设可以促进空乘教学特色的形成。教学特色是高校内涵特色的内容之一,空乘教师教学特色的形成依赖于优质的师资队伍。从现有的各高校空乘师资队伍的现状来看,若要形成有教学特色的团队,就要从加强空乘学科带头人入手,打造一支空乘教师学科骨干梯队,注重挖掘空乘师资特长和特色,助力内涵建设。

第二,加强空乘师资队伍建设有利于满足社会对高等优质教育的需求。高等优质教育的形成就是高等教育内涵建设的内容之一。随着经济的发展、物质生活水平的提高,人们对教育的质量也提出了更高的要求。加强内涵发展、追求有品质的高等教育,是高校对这一诉求的积极回应,师资队伍建设则是满足这一诉求的主体力量。航空公司与高校联合培养空乘人才本身就是一种满足社会对优质教育需求的行为,作为实现这一行为的主体,空乘教师队伍建设是必然的,也是必须的。

第三,加强空乘师资队伍建设有助于构建和谐的航空文化氛围和优秀的校园文化及大学精神。高校的内涵发展依靠校园文化内功的积淀,诚然,大学教师不仅是校园文化内功最直接的体现者,而且其整体素质和水平决定了高校的软实力、综合竞争力,对高校内涵建设起到决定性作用。在校园文化的传承和形成中,空乘教师起到一定的作用,一方面,空乘教师自身的行为、自身的精神面貌本身就是校园文化形成和构成的重要组成部分;另一方面,空乘教师通过课堂教学、实践活动,对学生自主意识和担当精神的培养进行有目的的或者是潜移默化的影响,一定程度上引导学生主体精神的确立,促进了和谐的校园文化的形成。特别是在航空公司与高校联合培养空乘人才的模式中,空乘教师还承担着把民航企业文化,把航空公司的文化有机融入校园文化中的任务,构成了高校内涵建设的美丽风景。

(二)学校层面:从规划到建设

师资队伍的建设与完善是一件极其需要却也是长久积累的过程,要经历从规划到建设的落地行为。

1.做好空乘教师队伍建设规划

所谓规划,就是个人或者组织依据一定的客观条件,基于对未来整体性、长期性、基本性问题的思考和考量而制定的比较全面长远的发展计划。因此,从学校层面对教师队伍建设做出规划,一定是在对现有师资情况进行分析的基础上,结合发展目标确定下来的。空乘教师队伍建设规划要根据空乘教师的现有情况,根据空乘人才培养要求,从合理性、可行性出发,要能够满足实际发展需求。

首先,要确定教师队伍建设目标,就是总体上要把空乘教师队伍建设成一支什么样的队伍。结合空乘人才培养的特征,我们认为,一支优良的空乘队伍应该具备的条件是:一方面,师资队伍结构要合理。在年龄、职称、学历等师资队伍结构要素上符合教育发展规律。另一方面,师资队伍要具有较高的高校教师职业素养。具备良好的职业道德,能够做到德高为师,做到敬业乐业,成为空乘学生人生道路的引路人;要充分了解空乘行业的发展动态,有较强的理论水平、娴熟的空乘服务基本技能和丰富的教学经验,能独立指导学生参加航空公司的管理活动及空乘服务的职业实践活动;要善于接受新知识、新技术、新信息,在实现自我创新的同时,也能指导学生创造性地开展创新与创业活动。

其次,制定空乘教师队伍发展规划要坚持以教师为本的理念。以教师为本就是以实现教师的全面发展为目标,体现的是始终把教师的因素放在首位,力求做到充分理解、尊重、关心教师,营造平等交流、人尽其才的环境氛围,调动教师爱岗敬业的积极性。既要注重用科学的引导方式来鼓励教师重视教师职业道德和综合职业能力的提升,鼓励教师重视专业技能的培训与发展,但同时也要关注教师的个性发展,尊重教师本身的意愿,充分树立以空乘教师全面发展、个性发展的队伍建设理念。

以教师为本的理念还体现在,学校应尽一切可能支持教师的教育科研以及教学创新行为,使空乘教师能在自身工作岗位上最大限度地施展自己的充满个性的职业素养,激发自身的创造力。

再次,制定空乘教师队伍发展规划要把准两个导向。一个是要把准需求导向,要根据本单位空乘人才培养需求来确定空乘教师队伍的建设原则、建设方向。一个是突出问题导向,要分析空乘人才队伍存在的核心问题是什么,要围绕解决核心问题来进行队伍建设规划。

最后,制定空乘教师队伍发展规划的时候,要把发展规划实现的合理性和可行性问题进行充分考虑。要结合学校师资队伍建设目标来确定空乘教师队伍建设的合理性和可行性问题,尤其是在确定要通过哪些途径提高教师的综合素质的时候,要充分考虑一些影响规划实现的客观条件,比如,学校和学院能多大程度提供教师队伍建设经费,空乘教师在多大程度上能接受相关制度的安排等等。这就要求我们在制定教师队伍发展规划之前,要先对空乘人才培养的整体发展情况,教师队伍建设的最终目标,空乘教师队伍整体情况进行充分调研,比如空乘教师的数量、年龄结构、职称结构等,在此基础上才能制定出科学合理的教师队伍发展规划。

2. 优化师资队伍

师资队伍建设规划是对教师队伍建设的宏观架构,具体的优化路径则是对规划的落实。

第一,优化专兼职教师队伍。目前,在绝大多数高校,具有丰富的空乘服务经验的专职空乘教师较少。除了因为学历达不到要求而无法进入高校从教之外,待遇问题也是导致具有丰富从业经验的空乘人员不愿意到高校教书的一个重要原因。从现实情况来说,从事空乘职业的薪资待遇比高校要高,但高校给予的福利待遇稍微要低些,从而导致对具有丰富从业经验的专任教师引进比较困难。此外,对于没有实行与航空公司合作的高校来说,一方面缺少经验丰富的兼职教师,另一方面也没有办法为专职教师提供深入航空公司等用人单位学习培训的机会,教师队伍的实践知识和操作性技能较为缺乏。

专职教师与兼职教师在本质上是有一定的区别的。在高校,兼职教师是学校从其他高校或企业聘请的具备专业技术能力或具备丰富教学经验的专业人才。高校的专职教师和兼职教师虽然都在从事教学工作,但是有着明显的区别,主要体现在以下几个方面:其一,高校专职教师和兼职教师专注点不同。高校专职教师更注重科研水平,而兼职教师特别是企业兼职教师则专注于项目实践经验。其二,高校专职教师和企业兼职教师培训体系不同。高校专职教师进校担任教师的时候一般会统一进行岗前培训,后自己努力提高教学水平。而很多企业有自己的一套教学培训体系,企业教师沟通交流能力比较突出。其三,高校专职教师和企业兼职教师注重教学反馈侧重点不同。高校专职教师比较注重教学结果的反馈。企业兼职教师比较注重课堂教学反馈情况,能够及时调整教学方法。[101]

航空公司的兼职教师有实践操作技能的优势,高校兼职教师有理论研究和知识应用的优势,二者结合能有效化解现实中高校空乘教师队伍构成上缺少丰富从业经验教师的短板。因此,与航空公司合作,引进航空公司有丰富空乘服务从业经验和管理经验的人员作为空乘教师队伍的兼职教师,是优化空乘教师队伍的一条有效途径。

第二,鼓励教师学历深造,优化学历结构。学历提升能化解空乘师资队伍学历构成的问题。空乘人才重实践的特点似乎显示着我们在进行人才培养的过程中,以"重能力"为风向标,但作为本科层次的空乘人才培养来说,不仅要重能力,而且还要重知识,重知识应用,重可持续发展的学习能力等等,这就要求空乘教师不仅具备培养学生岗位胜任的技能能力,还需要具备知识的传授、知识的理解和知识的应用能力等等。所以,校企合作下本科层次空乘人才培养需要既具备理论功底又具备实践操作技能的教师。基于此,空乘教师的优化要从学历提升入手。

学历层次偏低是目前高校空乘教师队伍存在的一个问题。"目前,高校开设的空乘专业学历层次以大专为主,本科较少,无研究生学历。因此,高校聘请专业对口的教师学历层次总体偏低,聘请专业对口的空乘专业教师甚至出现专科生教专科生,本科生教本科生的现象。[102]造成这种现象的主要原因有两个:一是由于本科空乘没有明确的学科归属,自然更高层次的研究生学历的专业培养也就不存在,所以不可能产生空乘方向的高学历的人才培养。二是民航空中乘务是一个比较特殊的职业,单纯从技能本身来说,民航业对空中乘务人才的需求大多停留在中专、大专和本科层次,且还是以中专、专科为主,这导致具有行业实际从业经验的空乘人才学历普遍偏低,很难达到目前绝大多数高校引进人才的学历标准(绝大多数高校人才引进普遍需要硕士以上的学历)。目前,有些学校空乘教师学历结构显示有硕士研究生,甚至有博士研究生,但都不是空乘行业的,一般都是空乘学生培养挂靠学科相关专业的研究生。比如,如果挂靠在艺术学科的话,那一般是艺术类专业的研究生,挂靠在表演专业的话,那就一般是表演类专业的研究生。

所以,我们要鼓励空乘教师进行学历深造。本科层次的教师进行硕士研究生的深造,硕士研究生的教师进行博士研究生的深造。从目前空乘人才学科还没有明确归属的状况出发,空乘教师对口的研究生学历提升没有可能,就只能寻求相近学科的学历提升,比如管理学的,包括企业管理和人力资源管理等等。或者是选择与本校空乘培养挂靠的学科的专业进行深造。学历提升注重的是提升空乘教师的理论水平。通过这种学历的提升,直接提升的是教师的知识应用能力,提升的是教师分析问题和解决问题的能力,这种能力的提升可以迁移到空乘人才培养中去,可以迁移到教师对空乘专业核心技能的理论知识的掌握和分析、应用等能力当中去,最终提高空乘教学的理论水平,提升空乘人才的培养质量。

优化师资队伍的学缘结构。学缘结构就是指在高校教师队伍中,从不同学校取得相同(或相近)学历(或学位)的人的比例。我们把学缘结构偏高称之为学缘结构不合理。学缘结构不合理存在一些弊端:一是不利于创新思维的产生。一般说来,创新思维的激发易于发生在"异质性"群体之间,在任何一个具有较强"同质性"的群体中,人与人之间相互激发创新思维的机率相对于"异质性"群体来说是偏低的。二是不利于学术争鸣。既然大家都是来自相同或相近的同质群体,就不会因为工作问题、教学问题、科学研究问题发生太多的争执,从而使教师队伍出现如互不争执,互不批评的缺少争鸣氛围环境,这不利于教师队伍的发展,也不利于与人才培养。所以,要优化学缘结构,尽量避免"近亲繁殖",提高近亲聘任的门槛。要扩大学缘地域的广度,保证师资队伍来源的多元化和异质化,甚至可以关注提高境外学缘的比例。在空乘教师队伍建设中更要关注这一点,尤其是在与航空公司合作过程中的兼职教师的学缘结构,来自不同的航空公司的兼职教师可以带来不同的航空公司的服务经验、管理经验和企业文化,可以促进学生多元化知识的获取与多元化技能的了解和提升。

此外,学校还可以采取"一对一"的"传、帮、带"途径提升教师的专业技能,鼓励具有实践经验和教学经验丰富的资格性教师和年轻教师结对子,这样能帮助年轻教师快速成长,以适应实践教学需要。

3. 建立健全保障机制

从规划到优化,再到管理上的保障,这是师资队伍建设的一个逻辑必然。建立健全师资队伍管理的保障机制,使教师日常的教学科研工作能够有序、有效进行,既有利于师资队伍建设工作的规范化,又能提高队伍建设的质量和效益。

第一,要加大空乘教师队伍建设的资金投入。如果要保证空乘教师队伍建设的实效性,充实的资金投入是关键。一些师资队伍建设的关键要素,如学历提升、师资培训、教学研究、科学研究等等,都需要一定的资金支持。所以,从学校到空乘人才培养单位,都要思考如何从资金层面保障空乘师资队伍建设的落实。从经费的来源上来看,学校及空乘教师所在单位的经费投入是最根本的,这是空乘教师队伍建设的内部经费来源,要优先考虑师资队伍建设的需求;另外,既然是与航空公司合作培养空乘人才,适度适当地从航空公司拓宽师资队伍建设经费也是可行的。从经费的使用来看,要进行有计划、有重点地分配师资建设经费。要对空乘教师队伍建设存在的问题进行分析,把经费落实到急需的、紧迫的项目上。比如说,主要问题在于缺乏有空乘服务技能的教师的话,就把经费倾斜到师资技能培训上;如果是缺乏领头性的教学团队带头人的话,就把经费的使用倾斜到项目带头人的培训上等等。另外,还要设立专门的资金使用管理部门及监督部门,对于资金的使用状况要有明确的解释和说明,要有明确的监管。

第二,完善师资队伍培训体系。师资培训是高校人力资源开发的重要形式,它能最大限度地挖掘人力资源潜能,有效帮助教师提升自身的职业技能,从而提高师资队伍整体素质。完善空乘教师的培训制度,促进教师个体专业化、个性化发展是实现师资队伍建设的重要保障。完善空乘教师师资队伍培训体系关键要做到如下几点:一是要制定科学化、规范化的培训计划和培训制度,对师资培训进行统筹安排,建立多元化的培训方式。比如,可以有同行交流、企业培训、行业培训,可以校本培训、省内外培训和出国培训等等。二是要分层细化管理。要根据职称、年龄、学历对空乘教师进行细化分析,针对个体的差异制定相应的培训,即要因人而异,对于不同水平的教师,可以让教师们根据他们自身的不同需求,自主选择培训时间、培训方式及培训内容;要对青年教师的培训进行科学的规划与安排,为青年教师的成长创造条件;教师要对培训结果做出反思,及时分享培训中的新理念、新知识及新感悟;要加强空乘教师职前、职中、职后培训机制,注重空乘教师培训学习的连续性和持续性,真正将"终身学习"理念贯穿教师职业活动的全过程;在注重空乘教师的个体化发展的同时,也要加强空乘教学团体专业化的建设与发展。三是要加强对培训过程的管理。比如,要克服培训过程中的形式主义现象,不是为了培训而培训,要实现培训的有效化;培训内容必须具有针对性,不能泛泛而谈;要建立培训考核机制等。

完善空乘教师薪酬制度。空乘教师的薪酬制度是服从学校总体的薪酬制度的。一般来说,绝大多数高校的薪酬制度都是遵循"绩效优先,体现公平,多劳多得"的原则。"绩效优先"指以绩效为优先考虑薪酬发放的制度,这是薪酬制度的内核,是薪酬发放的基础。绩效是"指考核主体对照工作目标和绩效标准,采用科学的考核方式,评定员工的工作任务完成情况、员工的工作职责履行程度和员工的发展情况后给出的一定奖励"。[103]由此看来,绩效标准和考核方式就显得非常重要。"体现公平"是薪酬发放的原则。公平的体现以如下几方面为考虑出发点:一是薪酬的横向公平性,这个横向性包括与其他高校从事同类工作的人员薪酬进行对比,及与同校相同性质岗位的薪酬进行对比,衡量其公平性。二是薪酬的纵向公平性,即与高校内部从事不同工作但工作性质与工作量近似的人员薪酬进行对比是否公平。三是程序公平性,即分配政策的制定和分配政策的执行是否透明公开、公平公正。"多劳多得"是薪酬发放的方式，体现了社会对教师付出劳动的认可。此外，空乘教师的薪酬制度还要将"人—岗—绩—酬"四者相统一，严格按岗设薪，按岗设绩，岗变则薪变，这样就能与空乘教师的能力、业绩、贡献挂钩，从而起到激发空乘教师积极性的作用。

优化职称评聘制度。"年轻教师比例较大，而经验丰富的老教师较少，教师的初级职称与中级职称多，高级职称较少，高校空乘专业缺乏专业带头人。"[104]造成这种现象的原因主要在于，从事空乘人才培养的教师本身学历不高，科学研究水平偏低，在一个以科研论文和科研课题为主要评价标准的职称评定体系中，俨然不占优势。所以，要从空乘教师所在学科的实际情况出发，提升对空乘教师教学能力及对学生指导等在职称评定中的比重。

建立合理的考评机制。2016年8月，教育部颁布了《关于深化高校教师考核评价制度改革的指导意见》，该指导意见提出了以下几个方面的内容：一是提出考核评价的基本原则，全面考核教师的师德师风、教育教学、科学研究、社会服务、专业发展等内容，坚持分类指导与分层次考核评价相结合，发展性评价与奖惩性评价相结合，形成推动教师和学校共同发展的有效机制。二是提出将师德考核摆在教师考核的首位，提出师德考核必须贯穿于日常教育教学、科学研究和社会服务的全过程，对师德考核不合格的，实行一票否决。三是提出教育教学工作量考核方式，除了教师正常的教学与科研工作量之外，教师担任班主任、辅导员，指导学生就业、创新创业、社会实践、各类竞赛、老中青教师"传帮带"等工作都应计入教师的教育教学工作量中去，并纳入年度考核内容。四是提出加强教学质量评价工作，实行教师自评、学生评价、同行评价、督导评价等多种形式相结合的教学质量综合评价；提出健全教学激励约束机制，提高教师教学业绩在校内绩效分配、职称（职务）评聘、岗位晋级考核中的比重，除特殊情况外，教学工作量不能达到学校规定要求或教学质量综合评价不合格的教师，其年度或聘期考核应为不合格；提出强化课堂教学纪律考核，对在课堂传播违法、有害观点和言论的教师，依纪依法严肃处理。五是提出完善科研评价导向，扭转将科研项目与经费数量过分指标化、目标化的倾向；扭转重数量轻质量的科研评价倾向，鼓励潜心研究、长期积累，遏制急功近利的短期行为；建立科学合理的分类评价标准和合理的科研评价周期。合理的考评机制是充分发挥教师内在潜能，充分调动起教师的积极进取精神，充分促使教师不断提高自己的能力和素质，因此，建立起空乘教师的合理考评机制非常有必要。

依此，空乘教师考评机制的建立要围绕如下方面来进行。其一，建立规范的考评体系。规范的考评体系包括考评程序的规范、考评内容的规范和考评的可操作性。从考评程序来说,规范的考评机制要体现公开透明性,考评内容要公开,考评流程要规范、考评方式要透明,考评过程要客观。从考评内容来说,规范的考评体系要明确各个考评指标,包括德、能、勤、绩,"德"主要考察教师的职业道德,"能"主要考察教师完成本职工作所体现的业务能力,"勤"主要考察教师的教学纪律的遵守情况;"绩"主要考察教师的工作效率及工作成绩。从考评机制的可行性来说,考评的内容、环节都要具有可操作性。其二,要注重对空乘教师进行全面考评。既要注重教师业绩的考核,也要注重师德水平的考核;既要注重教学考核,也要注重科研考核和管理考核;既要注重最终结果的考核,也要注重教师平时工作过程的考核,既要注重考核指标的静态考核,也要注重包括校领导、同事、学生等的动态考核。考虑到空乘人才培养侧重于实践能力的培养,而且其学科归属一直是一个问题,空乘教师的科研能力也难以得到有效提升,因此,与其他专业领域的教师相比,空乘教师在科学研究能力和科研成果上会存在一定差距,所以,在对空乘教师进行考核的时候,更应该侧重于其教学能力、教学质量的考核,侧重于空乘教师对学生的指导的考核。其三,考评要与奖惩相结合。考评结果可以反映出一个教师的综合素质,包括师德师风、教学能力、科研水平等等,一方面要将考评的结果与激励机制结合起来,可以给予一定的物质激励和精神激励,可以使之作为教师评优评先的重要依据,甚至作为教师晋升职称的重要依据。另一方面,对于离考核目标还存在一定距离的教师,也要给予一定的处罚与警戒,可以适度地给予一定的经济处罚,也可以进行口头上的谈话以促进其努力,争取合格甚至优秀的考核结果。

(三)航空公司层面:注重协同合作

1.协同充实空乘兼职教师队伍

航空公司在尊重高校办学规律,满足空乘人才培养需求的基础上,把具有丰富经验的空乘服务人员和管理人员组建成一个有机的教学团队,以兼职教师的身份充实到高校空乘人才培养队伍中去。

这些兼职教师可以定期担任空乘学生培养的某门课程,将其丰富的从业经验贯穿到教学过程中,对培养学生的职业能力起到极好的作用。同时,这些教师还可以讲座的形式,针对职业活动中的某个突出问题、某个重要环节和学生进行沟通交流,在现场就能够以高效的方式实现学生知识素养和能力素养的提升。

这些兼职教师还可以和高校的空乘教师进行交流,甚至给高校专职空乘教师开设专题讲座,特别是一些与空乘服务与管理相关的专业技能型讲座,对促进专职教师岗位技能的提升,无疑具有很好的效果。

航空公司要以具备丰富的空乘服务经验和管理经验以及教学经验为标准来选拔兼职教师,并在考核结果的基础上,对兼职教师给予适合的奖励与惩处。

2. 协同搭建教师深入企业的平台

在航空公司与高校联合培养本科层次的空乘人才的伙伴关系中,航空公司搭建平台,让空乘教师深入航空公司客舱服务的所有流程进行企业实践,对提升空乘教师的空乘服务与管理实践具有非常重要的意义。

首先,能有效提升空乘教师的动手实践能力。理论与实践一体化进行是空乘教学的主要特点,但长期在学校从事理论教学的教师极度缺乏实践动手能力。空乘教师参与到航空公司所有与客舱服务相关的实践中去,能把自己所教课程的理论知识进行技能性操作的呈现,积累真实的服务氛围经验,再回到教学工作中肯定会得心应手。同时还能把航空公司最前沿的客舱服务理念带回给学生。

其次,深入航空公司实践,能让空乘教师对空乘行业的发展现状与趋势有个更为感性、更为真实的认识,使自己心中对于后续课堂上知识的讲授、课程内容讲授的重点难点的把握等都更加胸有成竹,把这些新鲜的、具体的内容加入课程教学中,不仅可以丰富课堂教学内容,提高学生的学习兴趣,还可以丰富学生的知识,开阔学生的眼界。

再次,深入航空公司实践,能促进空乘教师根据企业实践经历和经验,结合自己所教授的课程内容更深入地开展教学研究与改革。因为深入航空公司的客舱服务,教师可以更深入了解到航空公司对空乘人才的需求状况,可以掌握航空公司对空乘人才知识结构、素质能力的要求,还可以了解到毕业后空乘学生的职业状况。这些信息的掌握可以成为空乘教师有针对性地进行课程教育教学改革的重要素材,成为完善空乘人才培养目标的基础性数据。比如,可以研究根据航空公司空乘人员的用工要求和特点来研究如何修订空乘人才培养方案,改革空乘人才培养教学体系;可以研究根据航空公司对空乘人才知识体系的需求,如何按个人能力要求分项目,按学生学习规律分任务,对理论实践一体化模式进行教学改革等等。此外,还可以研究除了专业技能的培养之外,如何帮助航空公司更有效地、有针对性地提升空乘人员的身体素质、心理素质、人际交往能力等等。

第四,深入航空公司实践,能促进空乘教师的科研能力的提高。科学研究能力薄弱是空乘教师的一个短板。在航空公司实践的过程中,空乘教师可以把在教学中遇到的问题和困惑带到企业实践当中,向经验丰富的客舱人力资源部的人请教,甚至向具有丰富经验的客舱乘务员请教探讨,然后进行总结提炼,这个过程本质上就是一个科研活动过程,是一个科研能力提升的过程。

所以,航空公司应该协同高校搭建起这样一个服务于专职教师深入企业进行实践的平台。同时,也可以采用定期的专题性的培训活动,协同高校对专职教师的专业技能进行培训,使之能在课堂上真正把空乘服务理论知识和实操技能讲通。

3. 协同培养"双师型"教师

陈小燕对国外"双师型"教师的特征进行了分析和概括,认为国外校企合作中"双师型"教师角色有两种:一种是称之为以学校为主体的职业技术教育"双师型"教师角色,如澳大利亚的"TAFE"职业教育模式。这种模式的特征是,教师同时承担专业理论教学和实训教学任务,其专业教学和职业实践基本上是在校园内进行。另一种是以企业为主体的职业技术教育"双师型"教师的角色,如德国的"双元制"教学模式。这种模式的特征是,它有学院和企业两个教学场地,"学院以传授理论知识为主体,也传授一些基本技能;企业以传授实践技能为主体,也补充传授新的企业理念和有关的理论知识。"[105]

我国的《国家中长期教育改革和发展规划纲要(2010—2020年)》文件中主要把"双师型"教师放置在职业教育框架下来讨论,提出"加强'双师型'教师队伍和实训基地建设,提升职业教育基础能力"、"以'双师型'教师为重点,加强职业院校教师队伍建设"、"依托相关高等学校和大中型企业,共建'双师型'教师培养培训基地"。[106]当然,这并不是说本科教育就不需要"双师型"教师,而是表明职业教育中"双师型"教师特征更为典型。结合空乘人才培养的特殊性,我们认为空乘教师具备"双师型"教师的特质更有利于空乘人才培养。

张文娇对"双师型"教师的特征进行了概括:其一,从资格证书来看,教师既要具备高等教育的教师资格证书,又要具有相关专业领域或行业的技术资格证书。其二,从能力上来看,教师既要有较强的专业理论基础知识,也要有宽厚的行业实践知识及实践能力。其三,从素养上来看,既具备为人师表的专业素质,也要教会学生"如何学习,如何解决问题",还应具备良好的师德。[107]由此来看,空乘教师培要成为"双师型"教师,一方面必须具备满足高校教师的职业素养条件,即要具备丰富的理论知识、高水平的教学能力和优良的教师职业道德,获得高校教师资格证;另一方面还需要具备满足空乘服务的相关职业素养,能够熟练掌握与空乘服务相关的各种专业技能;获得空乘服务的相关技能证书。

"双师型"教师的培养分为两个场域:一是高校场域。高校除了为自己专职教师提供获得高校教师资格证的培训之外,还要对兼职教师、从企业引进的兼职教师进行培训,重点加强教育素质如教育学、教育心理学、高等教育学、教育法规、高校教师职业道德等的培训,也要加强教学能力、教学水平提升的培训。二是企业场域。企业要对自己委派到高校做兼职教师的成员进行培训,使之更为熟练地握与学生培养相对接的专业技能。更为核心的环节是企业对高校教师进行相关技能的培训,目的在于提升实践操作能力,并获得行业的认可,得到相关的技能证书。

从航空公司与高校合作培养空乘人才来看,空乘人才培养要实现"双师型"教师队伍,一方面,高校必须为空乘教师提供获得高校教师资格证的环境;另一方面,航空公司要为空乘教师获得有关空乘服务专业技术资格证书提供条件。

(四)教师层面:注重提升职业素养

教师不断提升自我素质既是个体终身发展理念的提案,也是提升教育教学质量的必须。空乘教师的从业素质一般包括娴熟的专业技能、高超的教学水平和丰富的人格魅力。具备相应的专业知识和专业技能是作为教师应具备的基本素质;高超的教学水平是把自身娴熟的教学技能传授给学生的有效途径;丰富的人格魅力是增强教学有效性的重要手段。

1.提升专业技能

从事空乘教学的教师要具有与空乘职业相关的丰富专业知识和进行空乘服务的基本专业技能,要求学生会的技能,老师自己首先要掌握,甚至应该要达到更高层次。这就要求空乘教师不断丰富专业知识,不断提升实践动手能力和职业技能。

不断丰富专业理论知识,提高知识储备是空乘教师专业技能提升的基础和前提条件。要帮助学生掌握课程理论知识,教师自己首先要对相关的理论知识有深度地掌握,并且懂得用适合的教学方法把理论知识讲透。所以,空乘教师要利用各种方式主动丰富自身理论知识,强化自己的理论功底。

除了理论功底的强化之外,空乘教师还要强化自身的实操技能。

定期参加专业培训有助于空乘教师专业技能的提升。合作航空公司要多为空乘教师提供这样的培训机会。学校要提供机会送出空乘教师加航空公司举办的空乘人员实操课的培训及其他的专业技能培训。比如,中国民航大学乘务学院就定期派教师到国航客舱部、香港国泰航空客舱部培训及发展部门与国际航协主办的培训班进行培训和学习,促进乘务专业教学质量的提高。同时,还会派出教师到北京中国红十字会总会参加中国红十字会总会救护师资第培训班,取得救护师资证书"。职业培训提升的是空乘教师的专业实践操作能力。只有理论水平而缺乏实践操作能力的教师是不完整的,特别是对于空乘岗位来说,理论最终是为空乘服务操作技能服务的。作为空乘教师,如果缺少专业操作能力,那就在学生面前没有任何说服力。所以,通过参加各种职业培训,有针对性地提升空乘岗位需要的各种专业技能,是空乘教师提升自己职业能力的必要途径。

空乘教师只有具备了丰富的理论知识和高深的理论功底,再加上娴熟的专业技能,才能充满自信地站上讲台,面对学生向学生讲授课程内容,不仅让学生对教师充满信任,激发学生对专业学习的兴趣,还能激发学生对未来职业的向往。反之,如果教师专业不精通,技能不娴熟,会让学生丧失对专业的兴趣,怀疑自己对专业的选择,甚至怀疑自己对学校的选择,严重影响学生的学习积极性。

学校和企业要为教师提升职业素养提供切实可行的制度保障,比如,制定合适的在职培训和脱产培训相结合的校本培训计划,规定教师每三年需进行一次以专业技能培训为主的脱产培训,时间长短不限;每年都要参加以学院或企业为名义组织的短期培训,使提升教学技能为主的教师岗位培训常态化。同时,还可定期组织同行之间的学习和交流,良好的沟通和交流可以充分促进对本专业更深刻的认知。

2. 提升教学水平

教师教学水平是人才培养的核心,直接影响空乘人才的培养质量。因此,空乘教师提升自我教学水平既是提升其综合素质的核心,也是促进空乘人才培养提升的关键。空乘教师要从多种途径提升教学水平。

首先,教师要有扎实的专业基础和娴熟的专业技能,这是决定教学水平的核心。在航空公司和学校提供了比较适合的、可行的师资建设计划的基础上,根据前面所述的空乘教师应具备的职业素养,空乘教师应该主动积极地打牢自己的专业基础和实操技能,为高水平的教学奠定基础。

其次,教师要主动提升对现代化教学设备使用的能力。在教学中科学运用现代化教学设备,可以促进教学质量的提升。现代化教学设备的使用可以使本来比较枯燥的课堂教学变得轻松、生动、活泼,一些难以用语言表述清楚的内容可以通过现代化的教学设备多层面的展现而表达得更清楚明白。可以将一个完整的内容呈现在学生的眼前,有效地使前后内容融通,从不同方面和不同的角度勾画出内容的相互关联。可以动静结合、色彩鲜艳地表现出内容和过程的先后顺序,立体地展现彼此之间的关系。可以方便地补充和更新教学内容,随时把科学研究中的新成果和新发现充实到教学中去。

再次,空乘教师要主动提升教学方法使用的实效性。通常情况下,空乘教师在教学过程中除了使用讲授式教学方法之外,案例式教学、情景模拟教学、讨论式教学等等也是被鼓励和推崇的教学方法。但如何提升这些教学方法使用的实效性,也是对空乘教师教学水平的一个考验。面对这些各有特色的教学方法,空乘教师在弄清楚、弄明白每种教学方法的优势和不足的基础上,分析自己所授课程内容的最佳表现形式,再来选择、使用合适的教学方法授课,使空乘学生能更有效地感知、理解所讲述知识点,提升运用理论知识分析问题解决问题的能力,在提高教学效果的同时也彰显了自己的教学水平。当然,所使用的教学方法除了要较好地和教学内容相适应之外,还要从教师自身的实际情况来做考虑,结合自身的教学风格来选择教学方法。

最后,鼓励教师积极互动听课,进行教学观摩,互相切磋,互补短长;激励教师参与科研活动,积极申报科研项目,撰写科研论文,以科研促进教学,这些都是空乘教师提升自我教学水平的很好路径。

3. 提升人格魅力

从事空乘教学的教师应关注仪容仪表,通过充满魅力的仪容仪表来提升人格魅力。对于绝大多数教师来说,知识底蕴、思想深度最为重要,外在的仪容仪表只要符合学校规定就可,但从事空乘教学的教师则不能只停留在这一步。空乘职业对仪表仪容有着非常严格的要求,从头到脚,从衣着到妆容,从声音到行为,各航空公司既有着共性的要求,也有着个性化的规定,这就要求我们的教师也要注重仪表。教师大方得体的着装、淡雅细致的妆容、亲切悦耳的声音,训练有素的肢体语言不仅使学生感到赏心悦目,更能从中感受到职业化的气质,潜移默化地影响学生的审美情趣。从根本上来说,注重自己的外在形象是空乘学生应具备的最基本的素质之一。相反,如果教师不注意自己的仪表和形象,既不能产生人格魅力吸引学生,也无法让学生对其未来的职业有一个感性认知,不利于学生职业素养的形成。所以,提升教师的人格魅力,要从注重仪容仪表开始。

从事空乘教学的教师还要注重自身的德性修养,在潜移默化中感染学生,提升人格感召力。教师职业倡导职业道德的高尚性和表率性特征决定了教师必须对自己高标准,严要求,因为教师的一言一行、一举一动都会给学生带来一定的影响。所以,空乘教师在教学过程中应身体力行,尽可能使自己在学生面前呈现出健康、美好、完整、和谐的人格。

注　　释

[1]潘懋元.产学研合作教育的几个理论问题[J].中国大学教育.2008(3).

[2]习近平.决胜全面建成小康社会,夺取新时代中国特色社会主义伟大胜利——在中国共产党第十九次全国代表大会上的报告.

[3]张炼.国外产学研的发展及给我们的启示[M].高等教育出版社,2003:156.

[4]石伟平.职业教育集团化办学的比较研究课题报告[J].教育发展研究,2008.

[5]王珍敏.高等教育校企合作模式研究.西北师范大学[D],2013.

[6]刘兰兰.应用型本科高校校企合作新模式探索.黑龙江科学[J],2020(1):36-37.

[7]郭米.行业特色型大学校企合作机制研究——以西安电子科技大学为例[D].西安电子科技大学,2018.

[8]潘洁.校企合作教学管理平台的设计与实现的研究[D].石家庄铁道大学,2017.

[9]国务院关于促进民航业发展的若干意见. http://www.gov.cn/zwgk/2012-07/12/content_2181497.htm.

[10]路紫、雷平化、陈艳梅.空中乘务专业导论[M].北京:高等教育出版社,2015:1-2.

[11]许赟.我国高职空乘专业校企协同育人现状调研及对策研究[J].江苏教育研究,2019(419-420):111.

[12][法]皮埃尔·布尔迪厄,[美]华康德.实践与反思——反思社会学导

引[M].李猛,李康译.北京:中央编译出版社,1998:214.

[13]R·爱德华·弗里曼.战略管理:利益相关者方法[M].王彦华,梁豪,译.上海:上海译文出版社,2006:37-58.

[14]张维迎.大学的逻辑[M].北京:北京大学出版社,2005.

[15]李福华.利益相关者视野中大学的责任[J].高等教育研究,2007(01):50-53.

[16]R. M. Cohon, G. Undel. The National Foundat ion's Innovation Centers——An Experiment in Training Potential Entrepreneurs and Innovatiors [J]. Journal o f Small Business Management,1976(2):14.

[17]李淑英.社会契约论视野中的企业社会责任[J].中国人民大学学报,2007,(02):51-57.

[18]吴建新等.职业教育校企合作四维分析概念模型及指标体系构建[J].高教探索,2015(05):90.

[19]赫尔曼·哈肯.协同学——大自然构成的奥秘[M].凌复华译.上海:上海译文出版社,2005:100-118.

[20]别敦荣,胡颖.论大学协同创新理念[J].中国高教研究,2012(10):04.

[21]董馨等.基于协同创新理念的校企合作模式研究[J].国家教育行政学院学报,2014(7):60.

[22]路紫,雷平化,陈艳梅.空中乘务专业导论[M].北京:高等教育出版社,2015:23-31.

[23]李红毅.空中乘务专业的教学管理研究[D].郑州大学,2014.

[24]郭雅萌.高等职业教育空乘专业校企合作模式研究[D].南昌大学,2013.

[25]张晶璟.天津市高校空乘专业人才培养现状及对策研究——以天津市两所高校为例[D].天津职业技术师范大学,2019:4.

[26]李红毅.空中乘务专业的教学管理研究[D].郑州大学,2014:5.

[27]常静.本科艺术类空乘人才培养模式研究与探索[J].西北工业大学学报,2011(4):98-100.

[28]王杭.高校空中乘务专业发展的瓶颈与对策[J].新疆职业大学报,2014(01):64-66.

[29]楚喆.高校空乘专业人才培养改革探析[J].课程教育研究,2016

（29）:29 - 30.

[30]唐珉.新建本科院校空中乘务专业学科支撑建设探究[J].文教资料,2017(6):201 - 202.

[31]丁永玲.航空服务专业特色建设与发展研究[J].武汉科技学院学报,2008(11):21.

[32]黄晨.天津交通职业学院空乘人才培养模式研究[D].天津大学,2012.

[33]黄赶祥、李鸣镝、虞雪.应用型本科院校空中乘务专业建设与发展——以桂林航天工业学院为例[J].黑龙江教育,2018(07):77 - 79.

[34]张晶璟.天津市高校空乘专业人才培养现状及对策研究——以天津市两所高校为例[J].天津职业技术师范大学,2019.

[35]楚喆.高校空乘礼仪训练对空乘专业学生素质的影响[J].中外企业家,2016(23):172 - 189.

[36]唐丽娟.浅析空乘专业形体训练课程教学存在的主要问题及其对策[J].中国民航飞行学院学报,2009(06):34 - 35.

[37]陈文君.浅谈如何实现空乘二外日语教学中的语言能力与职业能力[J].才智,2012(08):270 - 271.

[38]多士平.空乘学生课堂教学模式优化分析[J].科教导刊(下旬),2015(09):94 - 95.

[39]于蓉.开设空乘专业客舱实训课程初探[J].中国民航飞行学院学报,2004(06):16 - 17.

[40]付晗.高校空乘专业校企合作问题研究[J].知识经济,2015(08):133.

[41]董璐.空乘专业校企合作模式探索[J].济源职业技术学院学报,2017(02):111 - 113.

[42]许赟.我国高职空乘专业校企协同育人现状调研及对策研究[J].江苏教育研究,2019(419 - 420):109 - 115.

[43]张晶璟.天津市高校空乘专业人才培养现状及对策研究——以天津市两所高校为例[D].天津职业技术师范大学,2019:30.

[44]张晶璟.天津市高校空乘专业人才培养现状及对策研究——以天津市两所高校为例[D].天津职业技术师范大学,2019:25.

[45]张晶璟.天津市高校空乘专业人才培养现状及对策研究——以天津市

两所高校为例[D].天津职业技术师范大学,2019:26.

[46]彭志红.学生工作多元化管理模式的研究与实践——以南昌航空大学空中乘务方向为例[J].教育现代化,2019(65):260.

[47]黄赶祥、李鸣镝、虞雪.应用型本科院校空中乘务专业建设与发展——以桂林航天工业学院为例[J].黑龙江教育,2018(7):78.

[48]张晶璟.天津市高校空乘专业人才培养现状及对策研究——以天津市两所高校为例[D].天津职业技术师范大学,2019:27－28.

[49]张晶璟.天津市高校空乘专业人才培养现状及对策研究——以天津市两所高校为例[D].天津职业技术师范大学,2019:31.

[50]张晶璟.天津市高校空乘专业人才培养现状及对策研究——以天津市两所高校为例[D].天津职业技术师范大学,2019:29.

[51]张晶璟.天津市高校空乘专业人才培养现状及对策研究——以天津市两所高校为例[D].天津职业技术师范大学,2019:29.

[52]张晶璟.天津市高校空乘专业人才培养现状及对策研究——以天津市两所高校为例[D].天津职业技术师范大学,2019:29.

[53]张晶璟.天津市高校空乘专业人才培养现状及对策研究——以天津市两所高校为例[D].天津职业技术师范大学,2019:32.

[54]南昌航空大学表演专业(空中乘务方向)2016年招生简章.http://zjw.nchu.edu.cn/showarticle_zs.php? actiontype=0&id=95.

[55]张晶璟.天津市高校空乘专业人才培养现状及对策研究——以天津市两所高校为例[D].天津职业技术师范大学,2019:33.

[56]张晶璟.天津市高校空乘专业人才培养现状及对策研究——以天津市两所高校为例[D].天津职业技术师范大学,2019:33.

[57]张晶璟.天津市高校空乘专业人才培养现状及对策研究——以天津市两所高校为例[D].天津职业技术师范大学,2019:34.

[58]张晶璟.天津市高校空乘专业人才培养现状及对策研究——以天津市两所高校为例[D].天津职业技术师范大学,2019:34.

[59]张晶璟.天津市高校空乘专业人才培养现状及对策研究——以天津市两所高校为例[D].天津职业技术师范大学,2019:34.

[60]黄赶祥、李鸣镝、虞雪.应用型本科院校空中乘务专业建设与发展——以桂林航天工业学院为例[J].黑龙江教育,2018(7):78－79

[61]张晶璟.天津市高校空乘专业人才培养现状及对策研究——以天津市

两所高校为例[D].天津职业技术师范大学,2019:35.

[62]张晶璟.天津市高校空乘专业人才培养现状及对策研究——以天津市两所高校为例[D].天津职业技术师范大学,2019:35.

[63]张晶璟.天津市高校空乘专业人才培养现状及对策研究——以天津市两所高校为例[D].天津职业技术师范大学,2019:36.

[64]司淑梅.应用型本科教育实践教学体系研究[D].东北师范大学,2006:3.

[65]彭志红.学生工作多元化管理模式的研究与实践——以南昌航空大学空中乘务方向为例[J].教育现代化.,2019(65):260.

[66]闰绪.高校空中乘务专业本科办学中的问题与对策——以桂林航天工业学院为例[J].文教资料,2017(11):117.

[67][美]W·理查德·斯科特.制度与组织:思想观念与物质利益[M].姚伟、王黎芳译.北京:中国人民大学出版社,2010:56.

[68][美]W·理查德·斯科特.制度与组织:思想观念与物质利益[M].姚伟、王黎芳译.北京:中国人民大学出版社,2010:63.

[69][美]W·理查德·斯科特.制度与组织:思想观念与物质利益[M].姚伟、王黎芳译.北京:中国人民大学出版社,2010:142.

[70]李冉.国内外本科层面校企合作教育模式的比较研究[D].广西大学,2013:32

[71]李冉.国内外本科层面校企合作教育模式的比较研究[D].广西大学,2013:33

[72]党春慧.空乘人员胜任力模型构建与评价研究[D].郑州航空工业管理学院,2018:10-11.

[73]我们为什么需要通识教育? https://edu.qq.com/a/20190412/007560.htm.

[74]李惠.浅谈乘务礼仪对提高客舱服务质量的重要性[J].现代交际,2018(13):248

[75]恒玺.浅析影响客舱服务的因素及其对策.交通企业管理,2012(01):63.

[76]李虹,李可可.浅析客舱安全的不确定性与应急训练的必要性[J].民航管理,2018,336(10):43-45.

[77]周雪婷.空乘服务礼仪及航空个性化服务[J].科技资讯,2017,15

（12）:247 - 248.

［78］付晗.空乘人员语言魅力塑造路径探讨［J］.科技经济市场,2016(6):165.

［79］https://baike.baidu.com/item/心理承受力/8518999?fromtitle = %E6% 8A% 97% E5% 8E% 8B% E8% 83% BD% E5% 8A% 9B&fromid = 10215563&fr = aladdin.

［80］中国民用航空人员医学标准和体检合格证管理规则.http://www.caac.gov.cn/XXGK/XXGK/MHGZ/201511/t20151102_8529.html.

［81］米洁.高职院校空乘专业体育课相关体能教学内容设计与实验研究［D］.河北师范大学,2017:18 - 19.

［82］罗国杰.当代中国职业道德建设［M］.北京:企业管理出版社,1994:23.

［83］中共中央关于印发《公民道德建设实施纲要》的通知.http://www.gov.cn/gongbao/content/2001/content_61136.htm.

［84］中共中央国务院印发《新时代公民道德建设实施纲要》.http://www.gov.cn/zhengce/2019 - 10/27/content_5445556.htm.

［85］肖群忠.敬业精神新论［J］.燕山大学学报(哲学社会科学),2009(2):28.

［86］杨丽明.关于空乘专业学生服务意识培养的探讨［J］.佳木斯教育学院学报,2013(8):256.

［87］吴也显.教学论新编［M］.北京:教育科学出版社,1991:162.

［88］张涛.空中乘务专业实践教学体系构建——基于能力本位理念［J］.厦门城市职业学院学报,2018(1):12 - 13.

［89］张涛.空中乘务专业实践教学体系构建——基于能力本位理念［J］.厦门城市职业学院学报,2018(1):12 - 13.

［90］张涛.空中乘务专业实践教学体系构建——基于能力本位理念［J］.厦门城市职业学院学报,2018(1):14.

［91］董杜骄.航空法案例评析［M］.北京:对外经济贸易大学出版社,2009.

［92］林师墨.客舱安全与应急处置实证分析［J］.智富时代,2018(6):194.

［93］林师墨.客舱安全与应急处置实证分析［J］.智富时代,2018(6):194.

［94］【梦想挥毫处新星起舞时】——第十一届空乘新星大赛圆满落幕.http://www.sohu.com/a/278422720_657408.

［95］王利艳、李宝生、宋桂娟,孙重凯.加强空中乘务实践教学坚持四个"注重"［J］.中国民航飞行学院学报,2009(4):47.

［96］郭冬生.大学教学管理制度论［M］.北京:高等教育出版社,2006:23 - 24.

［97］教育部.高等学校教学管理要点.1998.

［98］李大江.调动积极情绪,发展良好品质［J］.教育艺术,2013(09):25.

［99］陈杰君.我国高校教学管理去行政化研究［D］.湖南大学,2017:17.

［100］国家中长期教育改革和发展规划纲要(2010 - 2020 年).http://old. moe. gov. cn//publicfiles/business/htmlfiles/moe/s7496/201308/155119. html.

［101］方雅婷.校企合作模式下企业兼职教师教学质量评价研究［D］.江西财经大学,2018:11.

［102］刘是今.高校空乘专业校企合作的困境和出路［J］.中国民用航空,2013(03):65 - 67.

［103］https://baike. baidu. com/item/绩效/2219888? fr = aladdin.

［104］张晶璟.天津市高校空乘专业人才培养现状及对策研究——以天津市两所高校为例［D］.天津职业技术师范大学,2019:35.

［105］陈小燕.基于校企合作的"双师型"师资队伍建设新思路［D］.中国大学教学,2010(01):72.

［106］国家中长期教育改革和发展规划纲要(2010 - 2020 年).http://old. moe. gov. cn/publicfiles/business/htmlfiles/moe/info_list/201407/xxgk_171904. ht-ml.

［107］张文娇.应用型本科院校专业课师资队伍建设研究——以河北省十所试点院校为例［D］.河北师范大学,2019:3.

参考文献

一、著作类

1. 杨丽明、廉洁.民航服务心理学:理论、案例与实训[M].中国人民大学出版社,2019.

2. 陈承欢、罗友兰.专业建设、教学管理的诊断与优化[M].北京:电子工业出版社,2019.

3. 罗凤娥、赖欣、张成伟编.航空公司突发事件应急处置与管理[M].成都:西南交通大学出版社,2019.

4. 覃庆华.校企合作教育对创新型人才创造力的影响研究[M].北京:经济管理出版社,2019.

5. 赵金玲.校企合作、产教融合培养高素质应用型旅游人才[M].北京:旅游教育出版社,2018.

6. 贾丽娟编.客舱服务技能与训练[M].北京:旅游教育出版社,2018.

7. 李霞、齐新杰等.编空乘专业形体训练与形象设计[M].北京:高等教育出版社,2018.

8. 陈卓、兰琳等编著.客舱安全管理与应急处置[M].北京:清华大学出版社,2017.

9. 路紫、雷平化等编.航空服务学[M].北京:高等教育出版社,2017.

10. 高宏、安玉新、王化峰.空乘服务概论[M].北京:旅游教育出版社,2017.

11. 张丽、谢春讯.客舱设备运行及管理[M].北京:旅游教育出版社,2017.

12. 张晓明编.民航旅客运输[M].北京:旅游教育出版社,2017.

13.路紫、李志勇等编.空域学概论[M].北京:高等教育出版社,2016.

14.路紫,雷平化,陈艳梅.空中乘务专业导论[M].北京:高等教育出版社,2015:1-2.

15.[美]W·理查德·斯科特.制度与组织:思想观念与物质利益[M].姚伟、王黎芳、译.北京:中国人民大学出版社,2010:56.

16.董杜骄.航空法案例评析[M].北京:对外经济贸易大学出版社,2009.

17.陈孝彬、高洪源著.教育管理学[M].北京:北京师范大学出版社,2008.

18.郭冬生.大学教学管理制度论[M].北京:高等教育出版社,2006.

19.R·爱德华·弗里曼.战略管理:利益相关者方法[M].王彦华、梁豪译.上海:上海译文出版社,2006.

20.张维迎.大学的逻辑[M].北京:北京大学出版社,2005.

21.赫尔曼·哈肯.协同学——大自然构成的奥秘[M].凌复华译.上海:上海译文出版社,2005.

22.张炼.国外产学研的发展及给我们的启示[M].高等教育出版社,2003.

23.[法]皮埃尔·布尔迪厄,[美]华康德.实践与反思——反思社会学导引[M].李猛、李康译.北京:中央编译出版社,1998.

24.罗国杰.当代中国职业道德建设[M].北京:企业管理出版社,1994.

25.吴也显.教学论新编[M].北京:教育科学出版社,1991.

二、论文类

26.刘兰兰.应用型本科高校校企合作新模式探索.黑龙江科学,[J].2020(1).

27.许赟.我国高职空乘专业校企协同育人现状调研及对策研究[J].江苏教育研究,2019(419-420).

28.张晶璟.天津市高校空乘专业人才培养现状及对策研究——以天津市两所高校为例[D].天津职业技术师范大学,2019.

29.张文娇.应用型本科院校专业课师资队伍建设研究—以河北省十所试点院校为例[D].河北师范大学,2019.

30.许赟.我国高职空乘专业校企协同育人现状调研及对策研究[J].江苏教育研究,2019(419-420).

31.彭志红.学生工作多元化管理模式的研究与实践——以南昌航空大学空中乘务方向为例[J].教育现代化,2019(65).

32. 黄赶祥,李鸣镝,虞雪.应用型本科院校空中乘务专业建设与发展——以桂林航天工业学院为例[J].黑龙江教育,2018(07).

33. 党春慧.空乘人员胜任力模型构建与评价研究[D].郑州航空工业管理学院,2018.

34. 郭米.行业特色型大学校企合作机制研究——以西安电子科技大学为例[D].西安电子科技大学,2018.

35. 李惠.浅谈乘务礼仪对提高客舱服务质量的重要性[J].现代交际,2018(13).

36. 李虹,李可可.浅析客舱安全的不确定性与应急训练的必要性[J].民航管理,2018,336(10).

37. 方雅婷.校企合作模式下企业兼职教师教学质量评价研究[D].江西财经大学,2018:11.

38. 林师墨.客舱安全与应急处置实证分析[J].智富时代.2018(6).

39. 张涛.空中乘务专业实践教学体系构建——基于能力本位理念[J].厦门城市职业学院学报,2018(1).

40. 周雪婷.空乘服务礼仪及航空个性化服务[J].科技资讯,2017,15(12).

41. 米洁.高职院校空乘专业体育课相关体能教学内容设计与实验研究[D].河北师范大学,2017.

42. 潘洁.校企合作教学管理平台的设计与实现的研究[D].石家庄铁道大学,2017.

43. 董璐.空乘专业校企合作模式探索[J].济源职业技术学院学报,2017(02).

44. 唐珉.新建本科院校空中乘务专业学科支撑建设探究[J].文教资料,2017(6).

45. 闰绪.高校空中乘务专业本科办学中的问题与对策——以桂林航天工业学院为例[J].文教资料,2017(11).

46. 陈杰君.我国高校教学管理去行政化研究[D].湖南大学,2017.

47. 付晗.空乘人员语言魅力塑造路径探讨[J].科技经济市场,2016(6).

48. 楚喆.高校空乘专业人才培养改革探析[J].课程教育研究,2016(29).

49. 楚喆.高校空乘礼仪训练对空乘专业学生素质的影响[J].中外企家,2016(23).

50. 多士平.空乘学生课堂教学模式优化分析[J].科教导刊(下旬),2015

(09).

51. 付晗. 高校空乘专业校企合作问题研究[J]. 知识经济,2015(08).

52. 吴建新等. 职业教育校企合作四维分析概念模型及指标体系构建[J]. 高教探索,2015(05).

53. 董馨等. 基于协同创新理念的校企合作模式研究[J]. 国家教育行政学院学报,2014(7).

54. 李红毅. 空中乘务专业的教学管理研究[D]. 郑州大学,2014.

55. 王杭. 高校空中乘务专业发展的瓶颈与对策[J]. 新疆职业大学报,2014(01).

56. 李冉. 国内外本科层面校企合作教育模式的比较研究[D]. 广西大学,2013.

57. 刘是今. 高校空乘专业校企合作的困境和出路[J]. 中国民用航空,2013(03).

58. 王珍敏. 高等教育校企合作模式研究. 西北师范大学,[D].2013.

59. 郭雅萌. 高等职业教育空乘专业校企合作模式研究[D]. 南昌大学,2013.

60. 杨丽明. 关于空乘专业学生服务意识培养的探讨[J]. 佳木斯教育学院学报,2013(8).

61. 李大江. 调动积极情绪,发展良好品质[J]. 教育艺术,2013(09).

62. 恒玺. 浅析影响客舱服务的因素及其对策[J]. 交通企业管理,2012(01).

63. 黄晨. 天津交通职业学院空乘人才培养模式研究[D]. 天津大学,2012.

64. 别敦荣、胡颖. 论大学协同创新理念[J]. 中国高教研究,2012(10).

65. 陈文君. 浅谈如何实现空乘二外日语教学中的语言能力与职业能力[J]. 才智,2012(08).

66. 常静. 本科艺术类空乘人才培养模式研究与探索[J]. 西北工业大学学报,2011(4).

67. 陈小燕. 基于校企合作的"双师型"师资队伍建设新思路[D]. 中国大学教学,2010(01).

68. 唐丽娟. 浅析空乘专业形体训练课程教学存在的主要问题及其对策[J]. 中国民航飞行学院学报,2009(06).

69. 肖群忠. 敬业精神新论[J]. 燕山大学学报(哲学社会科学),2009(2).

70. 王利艳、李宝生等.加强空中乘务实践教学坚持四个"注重"[J].中国民航飞行学院学报,2009(4).

71. 丁永玲.航空服务专业特色建设与发展研究[J].武汉科技学院学报,2008(11).

72. 石伟平.职业教育集团化办学的比较研究课题报告[J].教育发展研究,2008.

73. 李淑英.社会契约论视野中的企业社会责任[J].中国人民大学学报,2007(02).

74. 李福华.利益相关者视野中大学的责任[J].高等教育研究,2007(01).

75. 司淑梅.应用型本科教育实践教学体系研究[D].东北师范大学,2006.

76. R. M. Cohon, G. Undel. The National Foundat ion's Innovation Centers——An Experiment in Training Potential Entrepreneurs and Innovatiors [J]. Journal o f Small Business Management,1976 (2):14.

三、其他

77. 习近平.决胜全面建成小康社会,夺取新时代中国特色社会主义伟大胜利——在中国共产党第十九次全国代表大会上的报告. http://www. qstheory. cn/llqikan/2017 – 12/03/c_1122049424. htm.

78. 国务院关于促进民航业发展的若干意见.国发〔2012〕24 号. http://www. gov. cn/zwgk/2012 – 07/12/content_2181497. htm.

79. 南昌航空大学表演专业(空中乘务方向)2016 年招生简章. http://zjw. nchu. edu. cn/showarticle_zs. php? actiontype =0&id =95.

80. 我们为什么需要通识教育? https://edu. qq. com/a/20190412/007560. htm.

81. https://baike. baidu. com/item/心理承受力/8518999? fromtitle = % E6% 8A% 97% E5% 8E% 8B% E8% 83% BD% E5% 8A% 9B&fromid = 10215563&fr = aladdin.

82. 中国民用航空人员医学标准和体检合格证管理规则. http://www. caac. gov. cn/XXGK/XXGK/MHGZ/201511/t20151102_8529. html.

83. 国家中长期教育改革和发展规划纲要(2010 – 2020 年). http://old. moe. gov. cn/publicfiles/business/htmlfiles/moe/info_list/201407/xxgk_171904. html.

84. https：//baike. baidu. com/item/绩效/2219888？ fr = aladdin.

85. 中共中央关于印发《公民道德建设实施纲要》的通知. http://www. gov. cn/gongbao/content/2001/content_61136. htm.

86. 中共中央 国务院印发《新时代公民道德建设实施纲要》. http://www. gov. cn/zhengce/2019 - 10/27/content_5445556. htm.

87.【梦想挥毫处 新星起舞时】——第十一届空乘新星大赛圆满落幕. http://www. sohu. com/a/278422720_657408.